HEART

心|視野

HEART

心視野

HEART

心 | 視野

HEART

心｜視野

讓愛自己
變成好習慣

簡單卻深刻的日日練習，把自己當作一輩子的摯愛，
給自己力量克服逆境，活出奇蹟人生

Love Yourself
Like Your Life Depends On It

卡馬爾·拉維坎特 Kamal Ravikant——著 姚怡平——譯

詹姆斯（James）、克莉絲汀（Kristine）、薩吉德（Sajid）、薩爾（Sal）、席妮（Sydney）、基甸（Gideon），你們促成本書面世，謝謝你們。

目錄

第 2 章 愛自己的日日練習

目錄

好評推薦

「非常實用的書籍，教導讀者如何用對的方式愛自己，跟著作者的腳步，實踐真正的愛自己，點亮自己人生的燈。」

——李旻珊，捷思身心醫學診所院長

「這是一本『愛自己實踐手冊』。大多的書都在教我們『使用自己』，然而這本書卻教我們如何『修復自己』。從『原諒自己，寫下誓言，運用方法，反覆練習』，才能真正做到愛自己。」

——李河泉，商周CEO學院課程教練、世新傳播學院副教授

「我們花了大把時間學習如何更努力，卻從未學過用適當的方式照顧自己。翻開這本

書，讓愛自己成為一種好習慣。」

——胡展誥，諮商心理師

「一見書名，我的內心尖叫了三十秒，因為我近一個月朝思暮想的三個字——愛自己，真的讓老天爺把這本書送到我的手中！一如書中所言『愛自己，會創造奇蹟』喔！」

——胡雅茹，心智圖天后、台灣學習力訓練師

「愛自己必須身體力行，不只要有決心，更要成為一種習慣，透過刻意練習，你也學得會。」

——陳志恆，諮商心理師、暢銷作家

「愛自己是一種平靜的感受，是讓我們生活得更自在、幸福的訣竅，邀請你與本書一起練習『愛上自己』。」

——鄧善庭，諮商心理師

前言
愛自己是一輩子的生活方式

《讓愛自己變成好習慣》差點就無法出版，那時的我嚇壞了，公司經營不善，身為執行長的我瀕臨崩潰，竟然還寫書講述「愛自己」是如何救了我。我還以為自己會成為笑柄，以為事業會完蛋。

然而，我克服了恐懼，向世人分享我體悟到的真理。接下來發生的事情改變了我的人生。

這本書竟然爆紅，到處都有很棒的人在網路和社群媒體上分享心得，還買書送給親友。他們真誠寫出內心的感想，有些人認為這本書拯救了他們的人生，有些人是有生以來第一次愛自己。

回想當初，我差點就屈服於內心的恐懼，這是人生中重要的一課。許多讀者與我聯繫，描述他們如何應用書中內容，同時還提出問題。我從而體悟到一點，儘管本書大獲成功，但我分享的心得還是有不足之處，而要產生長久的影響力，就必須往更深處去探究，分享更多心得才行。因此，我應該要補足本書，彌補本書的每一位讀者。於是本書在初次面世九年後有了新的版本，我收到的所有問題都有了解答。我想讓讀者在讀完本書後，不僅能致力於愛自己，更能懂得愛自己的確切方法。最重要的一點，就是要懂得持之以恆的愛自己。

第一章「愛自己，是讓自己變好的源頭」是第一次自費出版的原版內容，當中有增訂之處。真希望當初在我低潮時能有人提供本章的建言給我。文中沒有膚淺又無意義的內容，只有簡單又務實的真理，讀了就能讓你的人生有所改變。

第二章「愛自己的日日練習」是全新內容。當中列出了如何愛自己的方法，都是我這些年琢磨出來的，還說明了如何往上提升一個層次。本章的內容全都簡單又有效，簡而言之，這是講述如何愛自己的逐步指南，真希望當初也有人提供給我。

第三章「踏上愛自己的旅程」也是全新內容。記錄了我曾經陷入的艱困時刻，闡述了我如何運用本書內容療癒自己，而後重新站起來。你會看到我經歷的一切和我的心路歷程，我做對哪些事情、犯下哪些錯誤。人們往往能從故事裡得到啟發，借鏡我的轉變，將有助你扭轉你的人生。

我把自己的人生劃分為二，一是發誓愛自己之前，二是發誓愛自己之後。沒有什麼生活方式比得上愛自己。請試試看吧，真的很有用。

第1章

愛自己，是讓自己變好的源頭

一段誓言改變一切，翻轉我的人生

二〇一一年十二月，我前往南卡羅萊納州查爾斯頓，參加「文藝復興週末」（Renaissance Weekend）。但不是你想的那樣，那裡既沒有比武的騎士，也沒有漂亮的少女，只是場會議罷了，與會者有矽谷和紐約的執行長、洛杉磯好萊塢的名人、華盛頓特區的政治人物及其人員，有點像是TED大會，只是在這場會議中，出席者不是被指定參加小組討論，就是發表演講。報名表上面要報名者填寫自己所贏得的獎項、獲得的表彰，還用諾貝爾獎作為獎項的例子。

我沒什麼獎項可提及，也沒家世可說嘴，名片上更沒有知名投資公司高盛或摩根士丹利的名號。我分配到的講題是「假如我要選一件事來做……」，活動創辦人在我演講開始前向觀眾介紹我，他說：「卡馬爾沒辦法待在原地不動，不論是擔任美國陸軍步兵，攀登喜馬拉雅山，還是踏上西班牙的朝聖之路，他一直都是勇往直前。」他背景調查做得很詳盡，其餘的話我不記得，只記得最後一句話：「他肯定有一些有意思的心得要跟我們分享。」

我有整整兩分鐘的時間站在講台上，台下觀眾有科學家、國防部官員、政治人物、執行長等，無論要講什麼題目，他們都比我有資格多了。在我之前的講者是麻省理工學院最年輕的畢業生，當然也是以全優等的成績畢業。

這樣的時刻總是很有意思，你腦海裡的畫面會是什麼樣子呢？時間會慢下來，沒錯，但這說法很多人用過了。腦海裡的畫面就只有講台和麥克風，你上台，觀眾逐漸模糊，彷彿眼前畫面已失焦，時鐘滴答計時。

接著，我就知道該怎麼做了，我要提出的建言是沒人能提的，我要說出我體悟到的真理，這個真理是我從自身經驗學到的，它拯救了我。眼前的觀眾逐漸變得清晰。

「假如我要選一件事來做，」我對著麥克風說，「我要向世人分享人生的祕密。」觀眾席間傳來笑聲。「我是幾個月前才領悟到的。」

接下來兩分鐘的時間，我談到前一年夏天的事，當時我病得很嚴重，大部分的時間都在臥床休養，公司成立不到四年就一敗塗地、剛經歷分手、摯友突然離世。

「如果用憂鬱來形容我當時的情況，」我說，「還算是輕描淡寫了。」

我對觀眾說，某天深夜，我還沒睡，在逛臉書，我看著已故友人的相片，哭了出來，難過得要命，很想她。我對觀眾說，隔天早上醒來，我再也不願意這樣下去了，我發了一個誓，而那個誓言改變了一切，不到幾天時間，我的狀況好轉起來，身體和情緒都好轉了，而且，我的人生竟然也隨之好轉。不到一個月的時間，我的人生就此轉變，唯一不變的是我對自己發的誓，以及我信守誓言的方式。

演講完後，在這場會議的其餘時間裡，人們分別過來找我，說他們覺得我分享的心得很有意義。有個女人對我說，坐在觀眾席，聽著我講的話，她才領悟到這就是她來到這裡的原因。而我做的就只是把我學到的真理分享給大家罷了。

一個月後，某位朋友正經歷人生的低潮，我立刻把那年夏天體悟到的心得寫下來寄給他，那封信給了他很大的幫助。幾個月後，我把這些心得用電子郵件寄給詹姆斯・阿圖徹（James Altucher），他是我的朋友，也是我最愛的部落客，他回信給我，提議把那些心得當成客座文章張貼在他的部落格上。

我自然是回絕了。

老實說，我是慌了。我有很多朋友都在讀他的部落格，我是矽谷的創業家，寫創業的事倒是可以，可是寫這種內容？

「你一定要分享給大家知道，」詹姆斯在回信上說，「這是唯一重要的訊息。」

但別人會怎麼看我呢？我把內心的恐懼告訴了他，他的回答我銘記在心，也永遠感激。他說：「文章要是不會讓我擔心別人怎麼看我，我才不會貼出來。」

於是，我跟他達成協議，我會把我學到的功課、練習、成功和失敗的方法全都寫下來，整理成書稿，再寄給他。他喜歡的話，我就會出版。

最後，這本書就誕生了。

愛自己，是一種刻意練習

愛自己，是媽媽告訴你的事，是心靈勵志書籍的老生常談。然而，這是有區別的，愛自己不是嘴巴上說說而已的漂亮話，也不是說出口就抛到腦後的事，愛自己是我在自己的身上學到的功課，是救我一命的救生圈，更是我親身實踐的方法。愛自己多半簡單到有點傻氣，但簡單中蘊含真理，簡單中蘊含力量。

先從我寄給友人的文章談起吧，文章內容彙整了我學到的功課、哪些方法有用、哪些方法沒用、我在哪方面成功了，而最重要的是我每天在哪方面失敗了。

某位聰明的朋友喜歡提醒我，**愛自己是一種練習。你不會去了健身房一趟就覺得自己完成健身了，愛自己也是同樣道理**。靜觀是一種練習，健身是一種練習，愛自己也是一種練習，也許還是最重要的練習。

其實，愛自己的強度要像是身體掛在懸崖上只靠手指往上撐，要像是自己的命就只靠它了。愛自己一旦起了頭，做起來就不難了，請許下誓言，我會說出自己是怎麼做到的。

對我而言，愛自己是一種改造。我很清楚，對你而言也會是一種改造。

先對自己反覆說「我愛我自己」

當時的我狀況很差，難受得快瘋了。有些日子，我躺在床上，窗簾緊閉，外面從早晨悄悄變成夜晚，又再變回早晨，而我就是不想面對，不想面對內心的念頭，不想面對生病，不想面對心痛，不想面對公司遭受重創，不想面對人生。

後來發生的事情救了我。

那時我瀕臨崩潰，我清楚記得當時的情況，我再也無法承受，我受夠了，受夠了這一切，受夠了這樣悲慘、這樣痛苦、這樣憂慮，我受夠了這樣的我。我厭倦透了，受夠了。受夠了，受夠了，受夠了！

絕望之中，我從床上爬起來，搖搖晃晃走到桌前，打開筆記本，寫下：

今天，我對自己發誓，我要愛自己，要對待自己如同對待我真摯深刻愛著的那個人，無論是我的念頭、我的行為、我做出的選擇、我擁有的經驗、我意識到的每一刻，

我都決定去愛自己。

就這樣，沒別的了。我花了多久時間寫下這段話呢？不到一分鐘吧，不過，這段話的強度之大，就好像我把字刻在紙上、穿透桌面似的。我厭惡自己，我可以愛別人，可是我自己呢？從現在起，我只關注在愛自己的念頭上，這是為了我自己好。

至於要怎麼愛自己，我不曉得，我只知道自己發了誓。比起願望或渴望，比起「我想要」或「要是有就好了」，誓言更為宏大。發了誓，就表示要全力以赴，即使在努力的途中會毀了自己也在所不惜，沒有中間地帶。

在我的房裡，在黑暗之中，我要開始愛自己了，而外頭的城市渾然不知我的決定，甚至毫不在意。

我愛我自己的方法，是我所能想到的最簡單的方法，重要的是，無論我感覺有多糟，我都能做到的方法。我開始對自己說：「我愛我自己。」我反覆想著這個念頭。起初，我躺在床上好幾個小時，不斷對自己說：「我愛我自己，我愛我自己，我愛我自己，我愛我自己，我愛我自己……」

思緒雖然會四處遊蕩，想著其他事情，但每次發現思緒飄走，我就會反覆對自己說：「我愛我自己，我愛我自己，我愛我自己，我愛我自己……」自然養成了習慣。

先是躺在床上的時候，再來是沖澡的時候，接著是上網的時候，然後是我跟別人講話的時候，我都會在腦海裡對自己說：「我愛我自己，我愛我自己，我愛我自己，我愛我自己。」愛自己這句話成了安穩的船錨、不變的真理。

然後，只要想到可行的做法，我就會加上去，真的行得通就保留下來，行不通就丟掉，就這樣不知不覺打造出簡單的練習方法，讓愛自己這件事往上提升到全新的層次。我全力以赴，不再回頭。

我的狀況好轉了，身體復原得更快，心態變得更輕鬆自在，而人生竟然也出乎意料的好轉起來，而且不只是好轉而已，那些超乎我能力範圍的事情，超乎我想像所及的事情，竟然都發生了。人生彷彿在對我說：「你這個笨蛋，終於啊！我就讓你看看，你做了正確的決定。」

人們來到我的生命中，機會冒出頭來，我發現自己竟然用「奇蹟」一詞來形容當時的狀況。

在那段期間，我一直反覆對自己說：「我愛我自己，我愛我自己，我愛我自己，我愛我自己。」我不斷在練習。

不到一個月，我變得健康了，身體又結實了，也快樂起來了，臉上掛著笑容。很棒的人們來到我的生命中，遇到的狀況也自然而然解決了。在那段期間，無論我是再次坐在電腦前，還是約會，我都在腦海裡對自己說：「我愛我自己。」

老實說，一開始我並不相信我是愛自己的。我們當中有多少人愛自己呢？然而，我相信不相信並不重要，重要的是實際去做，而我之所以能做到，是因為採用了最簡單的方法，也就是不斷專注於「愛自己」的念頭上，反覆這麼做，到最後愛自己的念頭就會自動出現在腦海裡。

試著想像，當你知道你是愛自己的，會是什麼感覺？那就好比眼角瞥見了夕陽，你會不由得停下腳步。

為什麼用「愛」？而不是喜歡、接納……

為什麼不是「我喜歡我自己」或「我接納我自己」？為什麼？為什麼一定要用「愛」這個字？

我的想法是，只要曾是嬰兒，就體驗過愛，人類的心智在根本上，甚至原始的層次上都認得愛。所以，「愛」這個字跟大多數的字不一樣，「愛」有能力溜過意識，進入潛意識，進入奇蹟發生之處。

萬一你不相信你是愛自己的呢？這無關緊要，你的角色是鋪設道路，一步一腳印去做，強化神經元之間的連結。當心智擁有了穩固的愛的迴路，身體也會清楚知道，知道愛能滋養，愛是溫柔，愛是接納，更知道愛能療癒。

你的工作不是去做到前述任何一件事，你的工作純粹就是去愛自己，愛得真摯且深刻。請感受那份愛，一而再、再而三去感受，讓「愛自己」成為你全心全意關注的焦點，身心會自動有所回應，這是必然的。

最令人驚喜的是，當你愛自己，人生也會愛你。這部分讓我一邊寫一邊微笑，我覺得這也是必然的，雖然我無從解釋那為何行得通，卻知道那再真實不過。

當你發現自己用「奇蹟」一詞來形容人生，就表示你很清楚我在說什麼。

四種練習，如法炮製愛自己

我設法把我認為行得通的確切做法加以細分，好讓大家能如法炮製。做法可分成以下四種，接下來我會告訴你怎麼做：

1. 心智循環法
2. 靜觀法
3. 照鏡法

4. 提問法

這四種做法讓我慢慢回到愛自己的狀態，而這也正是美好之處。做法簡單又務實，效果也比你想的還要大得多。

畢竟，如果愛自己愛得真摯且深刻，你還會把人生侷限在從前以為的那樣嗎？不會的，你會變得美好，連自己都嘆為觀止。

但有一項要件，就是你要鄭重發誓愛自己，這一點是絕對不能跳過的。萬一你不相信你是愛自己或喜歡自己的，該怎麼辨呢？不要緊，如果必須努力培養才能愛自己，也沒關係。這項練習的作用方式有如心智的運作，心智沒別的選擇，只能進行調整並回應。

只要保持開放態度，相信愛自己是有可能做到的就行了，其餘的都很簡單。

為黑暗的負面念頭照進一束光

黑暗就是無光，記住這點，人生就會有所改變，我的人生就是因此而有了改變。本書提出的練習就是奠基於這個概念。

負面的念頭就是黑暗，該怎麼去除呢？面對恐懼，你是對抗還是擔憂？面對傷心與痛苦，你是推開還是掩蓋？這樣做是行不通的。

請想像你在黑暗的房間裡，外頭很明亮，你要做的事就是走去窗戶那裡，拿出抹布，開始擦拭，只要擦拭就行了。不久，光線就會自然而然進入室內，驅走黑暗。

就這麼簡單。你一旦發現心智開始奔向黑暗，奔向恐懼、擔憂、痛苦等，就擦拭窗戶，光線會灑進室內。

心智循環法：只專注愛自己的念頭

我坐在桌前，舊金山的熠熠光芒穿過臥室的大窗，可口可樂的招牌一明一滅，又再度恢復光亮，一次亮起一個字母。我望著市場街（Market Street）上那些車輛紅色的尾燈。雙峰（Twin Peaks）上的著名高塔遭黑夜吞沒，隱蔽於白霧之中。

假如你在此刻打開我的腦袋，窺伺裡頭的情況，肯定會以南方人懶洋洋拉長調子的語氣問道：「這孩子沒有想像力嗎？」

我的腦子裡只有一個念頭：「我愛我自己，我愛我自己，我愛我自己。」

自從立下誓言後，有好幾天的時間，這就是我唯一關注的事情。有時是低語念著，有時是默默想著。刷牙的時候，咕噥念出聲來，沖澡的時候，大聲說出來，不停說著：「我愛我自己，我愛我自己，我愛我自己。」

我沒什麼可失去的了，這就是全部了。我愛我自己，我愛我自己，其他事情我都不在乎，我愛我自己。

曾經有人說過，我們人類自以為自己在思考，但實際上並非如此，大部分的時候，人都是在回憶，重新活在回憶中，在腦海裡進入熟悉的模式與循環裡，這是為了快樂，為了拖延，為了悲傷、恐懼、希望、夢想、渴望。我們的一切都自有循環。我們不斷重播那些循環，循環會引發感覺。習慣成自然，最後我們就會相信自己沒別的選擇。然而，這種看法大錯特錯。

把心智循環想成是一條走久了就形成的路徑，好比水在岩石上涓滴出凹槽那樣，足夠的時間加上足夠的強度，就能形成河流。

如果你曾經有過一個念頭，那個念頭在你身上沒有力量，但只要一再反覆想著那個念頭，加諸強烈的情緒，並感受那個念頭，那麼假以時日，那個念頭就會鑿出凹槽，形成心靈的河流，接著你就會受其掌控。

由此可知，專注的心智循環就是解決之道。例如，只要加諸強烈的情緒在「我愛我自己」這個念頭上，凹槽往下鑿的速度就會比什麼都要快，請感受那個念頭，反覆想著它，感受它，想著它。你相不相信都無關緊要，只要專注在這個念頭上就好，讓「我愛我自己」成為你的真理。

此處的目標是，要讓新的凹槽比過去長年累積出的舊凹槽還要深。過去的凹槽只會帶來無力感，畢竟也是經過了長時間的累積，有些是在小時候就有了。

這需要專心致力才做得到，所以一定要多加練習才行。不用破壞過去的凹槽，你正在打造的全新凹槽是如此之深，力量是如此強大，你的念頭自然而然會流到新的凹槽。

這當然需要時間，我花了一個月才走出悲慘狀態，到達奇蹟境界。不過，你會留意到一些變化，內心的感受會有所改變，人生會出現美好的事情。敬請期待吧，會有越來越多的美好事物發生，最後你會走出來，站在陽光下，感到開心，喜愛人生，人生也愛你，而你停下腳步，發現此時此刻就是你平常的狀態。

你能想到還有什麼比這更好的嗎？

靜觀法：把呼吸變成愛自己的一部分

別的事不做沒關係，但這件事請你一定要做，做了以後就能帶來改變。

每天我都會靜觀七分鐘，為什麼是七分鐘呢？因為我會播放我喜歡的音樂，鋼琴與長笛柔和又平靜的樂音讓我感到美好，長度正好是七分鐘。

我坐下來，背靠著牆壁，戴上頭戴式耳機，聆聽音樂，想像頭上的星系、繁星、宇宙，想像太空裡所有的光都流進我的腦袋裡，進入我的身體，去到需要去的地方。

我緩慢又自然地呼吸。吸氣時，心想：「我愛我自己。」接著，吐氣，把身心回應的感覺呼出來——不管有沒有回應。就這樣，很簡單。

吸氣：我愛我自己。

吐氣：把浮現的感覺給呼出去。

吸氣，吐氣，吸氣，吐氣。自然而然，隨著音樂流瀉而出。

思緒四處遊蕩，思緒本是如此。每次思緒遊蕩，我就會留意自己是在呼吸的哪一個階段。如果是在吸氣，我就會轉而想著我愛我自己；如果是在吐氣，我就會轉而把身心浮現的感覺給呼出去。

偶爾，我會把注意力轉移到頭頂上方流進來的光；有時，是在每次吸氣時都注意著光。不知不覺，七分鐘到了，靜觀結束。

想像星系與繁星的光流進腦袋裡，就會有所成效。光本身的概念就是如此，潛意識就跟愛一樣，一想到光就充滿正能量。植物會朝向光生長，身為人類的我們也會渴望光，覺得日出、日落和皎潔的月亮既美麗又平靜。

同樣地，不用刻意去創造出療癒或正向的東西，潛意識會負責處理。我要做的就是想像畫面，例如，在這裡就是想像光的畫面，然後把念頭賦予光，而那個念頭就是「愛自己」。潛意識會處理其餘的事。

這是高強度的練習，需要全神貫注才行。不過，這個練習會產生激烈的感覺嗎？不會的，反倒是相當平靜。我認為這才是強烈情緒的真實面貌，能創造出和平、愛和成長。

第一步：播放音樂。樂風柔和又溫柔，最好是純樂器演奏，讓你感到美好。
第二步：坐下來，背靠牆壁或窗戶，雙腿交叉或伸直，用你覺得舒服的姿勢。
第三步：閉上雙眼，緩緩露出微笑，想像上方有一束光流進腦袋裡。
第四步：吸氣，在腦海裡對自己說：「我愛我自己。」動作放慢，溫柔的對待自己。
第五步：吐氣，同時也把浮現的感覺給呼出去，任何的念頭、情緒、感受、回憶、恐懼、希望、渴望都呼出去。就算沒有感覺也一樣，呼出去就是了。不要評斷，不要依附在任何東西上，要和善的對待自己。
第六步：重複進行第四步和第五步，直到音樂停下來為止。
（注意力飄走時，意識到這件事並微笑以對，彷彿看著孩子在做孩子會做的事，露出微笑以後，注意力回到呼吸上，進行第四步和第五步。思緒一遊蕩，意識到這件事並露出和善的微笑，回到第四步和第五步。）
第七步：音樂播完後，慢慢睜開雙眼，露出微笑，發自內心地微笑。這是屬於你的時間，純粹只屬於你。

為什麼要放音樂呢？自從我每次都聆聽同一首音樂以後，那首音樂已經有如船錨，輕易就能引領我進入靜觀的狀態。應該算是支柱吧，好好地撐住了我。持之以恆地進行靜觀，如此一來就會留意到奇蹟的發生。

照鏡法：把愛的眼神送給自己

分享照鏡法讓我有點害怕，怕大家會以為我失去理智了，但照鏡法具有強大的力量。

第一步：將計時器設定在五分鐘。

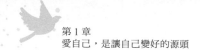

第二步：站在鏡子前面，鼻子離鏡子只有幾公分的距離。放鬆，呼吸。

第三步：望進你的雙眼。有時將注意力放在一隻眼睛上會比較容易施行，如果可以的話，試著看著你的左眼吧。放鬆，緩慢且自然地呼吸，直到呼吸節奏穩定下來。

第四步：看著你的雙眼說：「我愛我自己。」無論你當下相不相信這句話，都無關緊要。重要的是你對自己說了這句話，重要的是你看著自己的雙眼，無從逃離真理。最後，真理就是愛自己。

第五步：以溫柔的語氣重複說著「我愛我自己」，偶爾停下來，看著自己的雙眼。五分鐘到了以後，露出微笑。你採用深刻又發自內心的方式把真理傳達給自己，這種方式使得思緒無所遁逃。

如果有人看著你的雙眼，而且知道你愛著他們，那麼這就是他們看到的——充滿愛意的眼神。把這份贈禮同樣送給自己吧。

提問法：與人互動時的實踐

關在家裡，從病懨懨的狀態復原時，「我愛我自己」這句話說起來簡單。可是回到生活中，跟他人互動時，「我愛我自己」這句話就難了。

此處正是問題所在。當他人對我施加負面情緒，我也會想以負面情緒回應，此時就會問自己：

如果我愛我自己愛得真摯且深刻，我會不會讓自己經歷這種情況？

答案總是否定的。

這種問法非常有用。因為我一直在處理心智循環，所以在給出「否定」的答案後，就很清楚自己該採取什麼行動。我不會去解決情緒，也不會試著不去感受情緒，我所做的就是回想腦海裡的那句真理：「我愛我自己，我愛我自己，我愛我自己。」

從力量來看，這問題看似簡單，能慢慢把你對自己所處狀態的注意力──無論是憤怒、痛苦、恐懼，還是任何一種負面情緒──轉移到你想處於的狀態，而你想處於愛之中，所以你的思緒與人生毫無選擇，只能跟隨上去。

選擇能帶來轉變的念頭

如果我們是原子和分子組成的，而原子和分子來自於更小的粒子，來自於真空與能量，那麼我們又是什麼呢？

我們是我們的念頭嗎？

你有沒有發現過自己的思緒處於某種心智循環之中，重播著某則老故事、某道舊傷口、同一種模式？你是誰呢？是念頭？還是念頭的觀者？

如果你是觀者，那念頭又是什麼呢？

還是說，你是某個念頭觀看著另一個念頭？

也許，我們只不過是經過數百萬年演化後大腦裡突觸連結內的生化風暴。也許，是有觀者的，是有更深層的本我存在。但這兩種說法都沒有證據可以證明。

我就算不知道也沒關係，最終這一切都只是理論而已，我只是喜歡思考罷了，主要是用來提醒自己。我在意的是行得通的做法，是什麼創造出我人生中的奇蹟。

我只知道心智若是擱置不管，就會重複同樣的故事、同樣的循環，而且多半對我們沒有好處。由此可知，能帶來轉變的務實做法就是有意去選擇某個念頭，然後，不斷反覆練習。對於情緒，對於感受，對於接納，都要不斷反覆練習。

要鋪設突觸的路徑，直到心智開始自動播放為止。高強度反覆練習一段時間後，心智就沒別的選擇了，這就是心智運作的方式。不然你覺得內心原本的循環是來自何處呢？

若說有目標的話，那麼目標就是不斷反覆練習，直到你選擇的念頭成為主要的循環，成為你用來觀察人生的濾鏡。然後，再多加練習。

聽起來像是工作，也許吧。不過，心智的本質是念頭，選擇的念頭要能讓你有所轉變，讓你的人生活躍起來。我找到的念頭是「我愛我自己」，這是就我所知，力量最強大的念頭。你或許會找到別的念頭，不管怎樣，都請反覆練習。

很值得的。

面對痛苦，不抵抗也不推開

回憶並非固定不變，不管是哪一位腦神經學家都會這樣告訴你。越是記得某件事，尤其是情緒強烈的事，那麼神經元之間的路徑就越會被強化。簡單來說，越是去想，越是去感受，那麼回憶就越是強大。

有個部分很有意思，不僅回想會強化回憶，還有另一項因素會塑造回憶甚至改變回憶，那就是回憶時所處的心態。

這當中蘊含著轉變的力量。

隨便找一段經驗來實驗，以幾年前結束的感情為例。你難過時，刻意去回想那段關係，自然就會關注負面的部分，而在回憶裡，負面的部分就會增強。

反過來，快樂的時候也回想那段關係，有沒有留意到不同的地方？

仍是同一段經驗，仍然是在你的腦海裡，可是濾鏡不一樣了。濾鏡轉移了焦點，悄悄改變了回憶。更重要的是，濾鏡會改變回憶帶來的感受，回憶的影響力也會有所變化。

在此提出解決辦法，強而有力的解決辦法。

當痛苦的回憶浮現時，不要抵抗，也不要試著推開，畢竟你已陷入流沙裡，掙扎只會帶來更大的痛苦，你要做的，反而是走向愛，要愛自己，請感受那份愛，如果不得不假裝愛自己，那樣也可以，反正最後會真的愛上自己。回憶來來去去之時，請感受你對自己的愛，這樣就能去除回憶的影響力。

還有一點更為重要，回憶的迴路也會轉移。不斷反覆去做：愛，迴路重接；愛，迴路重接。那是你的心智，你可以想做什麼就做什麼。

設置切換恐懼的開關

神經語言程式學共同創始人理查・班德勒（Richard Bandler）在職涯初期就能在數小時內治好思覺失調症，因此闖出一番名號。他開始接到醫師和患者家屬來電，請他前往心理機構處理狀況最糟的個案，大家都放棄的個案。

他最喜歡的其中一件個案是某位高階主管病患，這位病患開始出現看見蛇的幻覺，沒人能說服患者現實中並沒有蛇。患者乖乖接受治療，不幸的是，後來患者被綑綁在精神病院的病床上（你要是覺得有一堆蛇在你身上爬來爬去，這種做法不太能讓你生出力量來），大家都認為那位患者治不好了。

等到班德勒去見患者的時候，患者的狀況十分糟糕。為了想出辦法來，班德勒去市區走一走。他一定要讓患者立刻回到現實才行。他經過寵物店，留意到路邊擺了一桶橡膠蛇，他進去寵物店，問櫃台的男人，那桶橡膠蛇能不能租借幾個小時。

「那是要賣的，」對方說，「那一整桶我不租。」

「我需要用到，」班德勒說，「全部，但只要用幾個小時。」

「為什麼？」

「我要治療思覺失調症。」班德勒說。

「好酷。」對方說。

班德勒認為寵物店老闆之所以答應，是因為他不是醫生，才會對不尋常的療法保持開放態度。班德勒還發現寵物店老闆養了幾條訓練有素的蛇，兩條眼鏡蛇，還有一條巨大的蟒蛇，喜歡纏在人的身上。非常好。

寵物店老闆和班德勒把一堆橡膠蛇和三條真正的蛇裝進幾個袋子裡，回到精神病院。來到患者洗澡的淋浴間，在淋浴間擺滿假蛇和真蛇，他把活的眼鏡蛇擺得很靠近患者會在的位置上，蟒蛇擺在輪椅會停下來的位置正上方。布置完以後，他仔細端詳成果。

這畫面讓他想起電影《法櫃奇兵》（*Raiders of the Lost Ark*），主角印第安納．瓊斯垂降到一個房間，房裡到處都是扭動的蛇。這場景足以嚇跑任何人了，更何況是對蛇有恐懼症的人。

請記住，班德勒曾經治好一位自以為是耶穌的患者，班德勒請三位強壯的足球員裝扮成羅馬的百夫長，還帶著用來製作十字架的真人大小木頭，一起進入病房。百夫長壓制患者，班德勒把木頭釘成十字架，偶爾會停下來，在患者身上量一量。等到他們準備好要把患者釘在十字架上，患者就認為自己不是耶穌了。就算這齣戲碼已經過去，療效還是長存。

蛇主人和醫生站在淋浴間的單向透視玻璃後方。班德勒把患者帶進來，患者被緊緊捆綁在輪椅上。患者一看見蛇就驚呼道：「蛇！」

班德勒說那聲音很嚇人，是從深處吶喊出來的聲音，傳遍了整個醫院，「蛇——」。不過，班德勒還是把患者推到看得見眼前有眼鏡蛇、上方掛著蟒蛇的位置。然後，班德勒離開淋浴間，還把門給關上。

患者不停尖叫，班德勒等待著。最後，班德勒進入淋浴間，患者一看到他，正要尖叫，此時班德勒打斷患者。

「蛇，蛇，對，我知道，」班德勒說，「你說出哪些蛇是真的，哪些是假的，我就推你出去。不然，我就把你留在這裡。」接著，班德勒轉身要走。

「橡膠蛇。」患者一邊用腦袋指向地面一邊說。「幻想的蛇。」患者以動作示意四周。然後，患者的雙眼往上看著上方幾十公分處懸掛著卻越來越靠近的蟒蛇，說：「真的蛇！」

班德勒想也沒想到，患者經測試後不僅十分清醒，能區分出真正的蛇和幻想的蛇，甚至還能分辨出哪些蛇是橡膠做的。有些橡膠蛇甚至做得很像真蛇，連班德勒也難以分辨。

班德勒把患者推出淋浴間，問患者是怎麼分辨出幻想的蛇和真正的蛇。

「很簡單，」患者說，「幻想的蛇是透明的。」

患者一直以來都很清楚，現實是實心的，幻覺是透明的。不過，患者的恐懼感非常強烈，所以才會脫離現實。班德勒教導患者專注在現實的蛇和幻想的蛇之間的差異，於是患者就這樣被治好了。患者偶爾還是會看見幻想的蛇，但他已經知道那些蛇不是真的了，幻覺對患者的影響力已經消失了。

抵抗恐懼是沒有用的，只會被拉進恐懼裡頭。一定要專注在真實的事物上、專注在真理上。置身於黑暗之中，就不要對抗，贏不了的，只要找出最近的開關，把燈打開就行了。

詹姆斯・阿圖徹撰寫的部落格文章多有佳作，其中有篇文章談到他是如何運用簡單的心靈技巧，阻止負面念頭繼續下去。他會對自己說：「沒有用。」這句話有如開關，有如某種斷路器，改變了恐懼模式。

在《飢餓遊戲》（*The Hunger Games*）三部曲的最後一部曲《自由幻夢》（*Mockingjay*），其中一位主要角色遭到首都刑求，他的回憶經過改造，無法區分真實的回憶與植入的回憶。他的朋友們想出一種簡單的方法，他們叫他回想他們知道的真實回憶，然後問：「是真的還是假的？」他慢慢學著區分真回憶與假回憶，最後他的心智終於懂得如何應對，他也體悟到假回憶會呈現出閃閃發光的感覺。只要內心一有疑慮，就問自己：「是真的還是假的？」

只要懂得善用恐懼感，恐懼感就會是很有用的工具。附近有炙熱火海或站在懸崖邊緣時，心懷恐懼就對我們有利，然而，在其他情況下，恐懼感會劫持心智，最後難以區分是我們的思緒意念還是恐懼。

所以，才需要有類似電燈開關那樣的機制存在。出現恐懼感時要告訴自己，恐懼感是幻想之蛇、恐懼感是沒有用的、恐懼感不是真的，而這三種想法都很有用。還有許多其他的方法，只要我們願意，就能想出一些應對方法。只要行得通，就是有效的方法。

關鍵就在於置身黑暗時，附近要有一個設置好的電燈開關。例如說，我在寫這本書的時候，恐懼感說，這是在冒險，別人會怎麼看我。不重要，我的角色就是認清真相，那些念頭是幻想之蛇，沒有用的，不是真的，然後繼續前行。

和自己談戀愛

「妳好漂亮。」我說。

她走在我朋友加布的身邊，牽著加布的手。她的深色秀髮才剛剪過，層次分明。那是涼爽的二月夜晚，我們走在舊金山教會區，要去吃墨西哥塔可餅。

她說：「我戀愛了。」

我們暫時停下腳步，等著過馬路。

「對，」她說，「因為我戀愛了。」

她不管怎麼樣都漂亮，但我懂得她話裡的意思，她容光煥發，一直微笑，活力十足。等我回到家，還沒進門就先停下腳步，有所領悟。愛不一定是給另一個人的，是吧？愛是一種情緒，愛是一種感受，愛是一種存在的方式。雀躍的步伐，那般的微笑，那樣的率真，難道不能是純粹來自於愛自己嗎？

這個念頭令我停下腳步，當然了，我們來到這裡，以為人需要愛別人才會容光煥發，才會覺得自由自在，能在屋頂上大叫。然而，我們擁有的那個最重要的人、那段最重要的關係，其實正在等待著，正在渴望獲得真摯深刻的愛。

有意思的部分來了。我們只要愛自己，就會自然而然容光煥發，自然而然變得美好。別人也會因此受到我們吸引，不知不覺愛上我們，此時就看我們要選擇誰來分享我們的愛。

出乎意料吧？愛上自己，讓你的愛流露出去，世界會開闢一條途徑，通往你的大門，愛上你。

寫下怪罪自己的念頭，原諒自己

在加州一號公路上，我往南行駛，尋找那幾棵樹。在佩斯卡德羅小鎮的燈塔往南八百五十公尺處，我看見熟悉的圍籬，圍籬隔開了公路與草地。

我把車子停在路邊，關閉引擎，引擎聲漸漸停止。然後，我抓起背包，躍過圍籬，朝那幾棵樹走去。我行走之時，微風吹得灌木叢如漣漪般搖曳，遠處是遼闊的太平洋，上方是寬廣的夏季藍天。

最初搬到加州就發現了這處草地，我開著自己的車，不斷往前行，讚嘆著太平洋西北沿岸的壯麗風光，世上無一物能帶來那般的感受。

多年前，我曾經帶女友來到這裡，我們倆抵達這幾棵樹，我拿出筆記本，撕下一張紙，把筆遞給她。

「妳要原諒自己。」我對她說。

她對之前離婚一事還是感到自責，現在該放下了。

「把怪罪自己的念頭全都寫下來，」我說，「全部都要寫，然後原諒自己，把原諒自己的話也寫下來。寫完以後，我們就把這張紙送給大海，這樣妳就自由了。」

她安靜了好長一段時間。我想她可能哭了一會兒。

「你也要原諒自己，」她說，「原諒自己沒去醫學院。」

女人很了不起，她們很有智慧。她說的沒錯，我沒去念醫，選擇創業，而不管我拿什麼說法說服自己，那依舊是自私的選擇，我選擇了金錢，不去做心目中重要的事情。這個選擇是我一直沒能接受的。

於是我們倆分別寫著信，然後往下走到海浪那裡，把紙揉成一團，丟進大海裡。你知道嗎，這種做法很有用，內心有什麼被釋放出來了，我再也沒有回頭想過當年的選擇，後悔放棄醫學院的感覺就此離我而去，不再纏著我不放。這個練習十分簡單。

我再度來到這幾棵樹的旁邊，這次是孤身一人。只剩下兩棵被強風吹撫的樹，第三棵樹倒在草地上，長的樹幹燒焦了，或許是雷擊吧，而短的樹幹立在幾十公分外，被風雨吹打得褪了色。

我爬上樹幹，向遠方凝視大海。傍晚時分，巨大的太陽仍高掛空中，下方的海洋，一直到海平線的地方，閃爍著一條金色之路。

我從背包裡拿出筆記本，撕下一張紙，寫了起來。我寫下今天的日期，寫下怪罪自己的念頭，寫下自己明明可以做得更好卻搞砸了的事，寫下自己關上心門，寫下自己沒必要地造成傷害，寫下自己犯下的錯誤，每一件事都寫了。

這些都寫完之後，我寫下「我原諒我自己」，原諒所有的一切。而就在原諒自己的那一刻，我寫下「我純真無邪」，因為我知道自己正是如此。

這就是第一步，還有兩步要跨出去。從我第一次發現這幾棵樹，一直到今天為止，人生教會了我許多東西。

我走到岸邊，坐在岩石上，凝視波浪。波浪撞擊著卵石海岸，沙沙作響。我朝天空舉起剛剛寫下的紙條，大聲念了出來，念出我怪罪自己的文字，念出所有的原諒。

我反覆念到再也不需要念為止，然後，我往背後伸手抓起一顆大石頭。我一看見那顆石頭就笑了出來，是心形。啊！人生，你真幽默。

我用紙緊緊包著心形石頭，再度凝視海浪，這是莊嚴的一刻，要把怪罪自己的所有念頭全都送給更宏大的事物，要交給它處理，要讓它把怪罪自己的念頭全都帶走，這樣就能卸下身上的重擔，這樣就能去過該過的人生。總而言之，怪罪自己的念頭最會讓人產生沉重的負擔。

等我覺得是時候了，就把石頭丟得高高的，石頭在空中畫了條弧線，落入海水裡。石頭濺出水花，發出短促的撲通聲，就此消失不見。在石頭消失的地方，海浪洶湧而過，四面八方圍繞。就是這麼簡單，我看了好一陣子，想著海水會不會把石頭還給我。沒有。

我往上走回那幾棵樹的地方，再度坐在樹幹上，拿出筆記本。這次，我寫了不一樣的信給自己，簡潔又切中要點：

親愛的卡馬爾：

我發誓愛你，在各個方面都全心全意深刻去愛，在所有的念頭，在所有的行為，在所有的渴望，在我的自身存在，我都發誓愛你，卡馬爾。

我簽名，寫下日期。

我放下筆記本，向遠方凝視太陽。太陽已斜掛天空，風吹得那些高高的褐草不停搖曳，天氣變涼了，我穿上外套，感受眼前的一切。

然後，回到筆記本上，我大聲念了出來，念出我對自己發的誓，在這純真無邪之處，這裡就是我的起點，我覺得很美，覺得，嗯……覺得很好。

這樣你就知道自己做對了，感覺對了就是做對了。這沒人能教你，你必須親自去做，做得越多，就越是會信任這種感受，越是會聆聽這種感受，越是會活出這種感受，而人生就會因此有所轉變。

改掉自己妨礙自己的模式

若說人生中有什麼是我在行的，那肯定就是妨礙自己了。假如有人舉辦妨礙自己的奧運比賽，我發誓我一定可以把金牌帶回家。好像情況一順利起來，我就會設法創造出我所能找到的最大阻礙，害自己跌得一敗塗地。

這種模式確實讓我一直處於不快樂的狀態，肯定也打消了愛自己的念頭。每次我都對自己說，我學到功課了，我會站起來，拍掉身上的灰塵，開始奔跑，加快速度，人生很美好，太美好了，於是舊有的模式自然變得吸引人了，然後，啪的一聲跌在地上。

你懂的吧……

我不曉得自己為什麼這麼做，也許是童年的往事所致，也許是成年的經歷所致。知道原因應該會有所幫助，但總而言之，唯一重要的事就是我過的人生，就是結果。

我開始愛自己以後，第一件發生的事情就是我留意到自己的模式。我不曉得自己竟然習慣這樣做，還以為人生就是這樣。

這類念頭並未立刻消失，但我察覺到它們的存在，這就是起點。往後，每次我一妨礙到自己，就再也不會沒有意識了，這是一種選擇。而最後，我對於那類的選擇逐漸厭煩起來。

這就是愛自己的作用，對於不利自己的事物漸漸無法忍耐下去，尤其是自己造成的。光是如此就足以改變人生。

至於不利自己的習慣與模式，我有了一些心得。會有一個決定性的時刻，眼前有兩條路，一條是熟悉的老路，一條是未知的路，而奇蹟就在那條未知的路上。

而要選擇奇蹟的道路，我所能找到的最強大的工具就是提出正確的問題。我即將重複舊有模式，即將犯下熟悉又舒服的錯誤，就在那一刻，我暫時停了下來，深呼吸，讓光流進來，然後問自己：

如果我愛我自己愛得真摯且深刻，我會怎麼做？

有時，傾盡情感，把問題問得更細會有所幫助：

如果我全心全意地愛自己，愛得真摯且深刻，只希望自己過得好，真切地覺得自己值得擁有奇蹟又美好的人生，那我會這樣做嗎？

然後，選擇權就落在我手上了。

這樣的時刻確立了我的人生，左右了我的命運。近日，我選擇的往往是愛的人生，奇蹟的人生。

從裡到外改變自己

我有個朋友經歷了幾場堪稱過去十年來最激烈的美軍戰役，如今他和妻子努力過著充實的人生。他對我說，他之所以活著，是因為幾位離世的友人會希望他活下去；他之所以活著，是因為他該帶著他們的回憶活下去。

前陣子，我們倆共同的友人離開人世，那位曾是海軍陸戰隊的友人懷著戰爭的重擔，最終仍無法放下。他成就斐然、態度謙遜、努力工作，但昔日的回憶依舊纏著他不放。

我也曾經如此，棄世的念頭是多麼甜美的誘惑，這樣就能了結一切。我也曾經如此，要承認自己曾深陷那樣的狀態實在不好受，幸好也曾經站在另一面，因而得以洞察全局。

有時，心裡會想，結束人生的念頭是否有如癮頭，那是一種如此原始的感覺，是生還是死呢？一旦嘗試了第一次，就再也無法徹底自由。

是啊，是可以把它拋在腦後，然而，它猶如癮頭，一旦感到無力、置身於惡劣處境，誘惑就會再度萌芽。

那麼，該怎麼解決呢？打造全新的凹槽吧！從裡到外改變自己，就能創造人生的奇蹟。如此一來，就算感到無力，就算舊有凹槽再次出現，但全新的凹槽如此之深，力量如此強大，你終究得以看穿幻想之蛇。

簡單來說，就讓內心的光芒去驅逐黑暗。有一點最為重要，如果舊有凹槽回來了，請向外求援，向任何人、向每個人求援。只要愛自己，就會放下自尊、向外求援，因為你值得好好地活下去。

轉變的境界猶如奇蹟

我在健身房做完運動，走了出來，坐在私人車道的圍牆上。舊金山秋老虎的傍晚時分，微風徐徐，涼爽宜人，市區上方籠罩著霧氣，一切是如此美妙。

「我愛我的人生，」我發現自己在想著，「我愛我的人生，我愛我的人生，我愛我的人生。」這念頭如風般自然流動。有人問我為什麼要讓長髮遮住眼睛……是為了這樣的時刻，為了透過一縷縷銀色髮絲凝視這個世界。我凝視著天際線，心想「我愛我的人生，我愛我的人生。」

頭頂上的雲朵飛掠而過，念頭起了變化：「我愛我自己，我愛我自己，我愛我自己，我愛我自己。」我露出微笑，隨後咧嘴而笑。我的全部，我的希望、夢想、渴望、過錯、長處、一切……我，愛，我自己。

如果你能到達這個境界，就算只有短暫片刻，你還是會有所轉變，我向你保證。

關鍵向來在於「放下」，最起碼我就是如此。放下自尊，放下依附，把自以為應該成為的樣子給放下，把別人認為我應該成為的樣子給放下。這麼做以後，真正的我就會出現，而且比我呈現給世人看的那個卡馬爾還要好得多。這脆弱之中蘊含的力量無以形容，只能親身體驗得知。

我時時刻刻都做得到這樣嗎？不是的，但我絕對是朝這方向不斷努力。

數千年前，古羅馬詩人曾經寫道：「我是人，因此人的事於我而言無一件不尋常。」我相信這句話。由此可知，某個人做得到，那麼誰都做得到，採取的途徑或有不同，但目的地都相同。

關鍵就在於開放心胸去「愛自己」。只要做得到這點，人生自然會接手處理後續步驟。只要一直開放心胸接納「愛自己」的可能性，就會體驗到觀看周遭世界的舞動是何等美好，同時內心也會徹底接納自己是個優秀出色之人。這種感受沒有更好的字眼可以形容，只能以「奇蹟」稱之。

對所有發生的事都說「好」

我曾經問過某位僧侶，他是怎麼找到平靜的。

「我說『好』，」他說，「對於所有發生的事情，我都說『好』。」

我生病以前，我這顆西方的腦袋絕對不會想說「好」。我痴迷於自己的事業，打算將來要賣掉公司，賺進足夠的錢，再也不用工作。你可以主張那樣的痴迷可促進社會創新，或許真是如此，但痴迷的背後往往藏著恐懼。

我對事業的痴迷背後確實是莫大的恐懼，怕別人的想法，怕員工和投資人會因此失望，怕失敗，怕失敗冠在我身上的意涵。我把恐懼感當成力量運用，用來推動我往前邁進，逼迫我有所成，逼迫我成功，不在意自己的身體，不關心當下，於是付出代價。

不活在當下的代價往往就是痛苦。

現在，我明白僧侶話裡的意思了，要屈服於現況、屈服於當下。我一注意到內心存在著恐懼，就不會把恐懼擱置一旁，也不會把恐懼當成推進的燃料，我會對自己說：「沒關係。」這樣是在對自己婉轉說「好」，是在對眼前的當下、對內心的感受說「好」。

這樣往往足以減輕恐懼感，從此把關注的重點放在愛自己的真理上。

我明白這一點以後，就體悟到自己原本可以打造很棒的公司、擁有美好的感情關係、照顧好自己的健康、在朋友離世前聯絡朋友、跟她說我很愛她。我原本可以在溫柔、自愛的狀態下做到前述的事情。

然而，過去的事無法抹去，只能從中學習。不再執著過去，現在，應用我的所知，讓現在、讓未來變成美好之處。

無論順遂或低潮都要愛自己

寫下這些文字之時，我應該已經處於最低潮的階段好一陣子了，一切就是這樣，沒有一開始那麼糟糕，但人生就是沒有活力。其實，人生順利一陣子以後，就會習以為常，以為人生會一直這樣下去，這就是近因偏差（Recency Bias）。當情況糟糕透了，而你深陷其中之時，就會覺得情況會永遠糟糕下去，想不到逃離的方法；情況順利的話，就活得好像日子永遠會一直順利下去。

所以，我問自己：「如果往更深處探究，我為什麼會低潮？我的人生為什麼沒有過得很好？」一旦體驗過美好，就知道那是有可能做到的，那應該要竭盡全力保持下去才對，畢竟那種滋味太過美好。

答案就是我很懶散。我生病時就會不顧一切，全神貫注在自己的心思上；不過，人生一順利，變得美好以後，就會開始隨波逐流，任由思緒飄到天生的欲望，好幾天沒靜觀，接著是好幾週都沒靜觀。愛自己成了我在想卻沒做的事。

現在的我只要反覆說著「我愛我自己」就有不自在的感覺，我想找出一個力量沒「愛」那樣強大但貼切的字眼。

不過，若說「愛」這個字不貼切，就沒別的字眼貼切了。

而且很諷刺，是我把這個真理告訴朋友的。我對朋友說：「愛自己，看看我受到的影響，很有用，真的很有用。」說的都很對，但如果只是能勉強維持生計的人，提出的理財建議，誰會想接受呢？

於是我問自己：「如果我愛我自己愛得真摯且深刻，我會怎麼做？」我很愛這個問題，沒有威脅的意味，答案沒有對錯之分，只是要請你在此時此刻聽聽我體悟到的真理。

答案很簡單：「我努力練習。」此外還要分享我學到的另一個道理，那就是情況順利時，別任由自己隨波逐流。生病時很容易就會希望身體健康，情況順利時，也要多加警惕。

老實說，我有點嚇到了。從低谷爬起來，人生一順利就覺得很美好，不過，要是人生順利，也繼續做練習，人生還能爬到多高的地方呢？我能不能應對？見鬼了，我有資格過那種人生嗎？

那是躁動的心使出的厲害把戲，於是我再度問自己：「如果我愛我自己愛得真摯且深刻，我會怎麼做？」答案很快就出來了，我會飛，盡我所能去高飛，然後還要飛得更高更遠。

現在，請見諒，我要去靜觀了。

信念，是你看世界的濾鏡

竭盡心力去愛自己，會有個附加價值，那就是會開始移除舊有的模式、念頭、信念，而我甚至不曉得它們竟然存在。無論是跟朋友喝杯咖啡，還是讀一本書，都能從中對自身有所領悟，那些領悟如此清晰明確。我的人生彷彿是一疊牌，每張牌分別描繪出我經歷過的情況，而所有的牌都朝我落下，啪、啪、啪，而我唯一的念頭是：「天啊！原來一切都是其來有自的。」

舉例來說，我向來都知道成長對我而言至關重要，我要是覺得自己沒有成長，就會漫無目的，憂鬱起來。以前的我不知道自己對成長抱持的信念，等到實踐自愛練習以後，才明白真正的成長來自於激烈的、困難的、有挑戰性的情況。

你能理解這是如何確立了我的人生之路嗎？

我立刻明白自己的成長來自何處。第一次覺得脫胎換骨般的成長，第一次覺得自己變得更好了，是在美國陸軍步兵營的時候。很激烈嗎？對。很困難嗎？對。很有挑戰性嗎？每一天都是。覺得快樂或開心嗎？根本不可能。數世紀的軍隊守則就是要讓人難受的，但我向來把它視為一種確立的經驗，我引以為榮的體驗。我剛進軍隊時還是個沒信心的十八歲小毛頭，退役後卻曉得自己不管面對什麼事都能處理，這就是成長。

我們相信的事物，我們尋求的事物，就是我們觀看自己人生時使用的濾鏡。我主動把自己丟到了激烈又困難的情況當中，所有的情況都讓我獲得成長，但我付出了什麼代價？

再舉一個例子，我在建立公司的時候，看起來是個很有成功動力的人，許多人都是這樣形容我，而在愛自己以前，我也是這樣以為，後來，某天我驚醒過來，鎂光燈把那信念照得閃閃發亮，只是背後的真相略有不同，其實我背後的動力是「不要失敗」。

兩者之間的差異很大，怪不得我的公司會有那樣的下場。熱切地不斷工作是為了一直推動公司向前邁進，離災難收場只有一步之遙，總是不知怎的逃過一劫，然後繼續往前移動，避開下一場災難。這樣永遠不會失敗，卻也永遠無法按照我想要的那樣一飛沖天。

幸好，一旦鎂光燈從自己的內在閃耀出來，就再也不會走回頭路。那種會絆住你的思考模式會自行瓦解，有如你再也不需要的生鏽盔甲。每次的領悟都伴隨著自由、輕盈感，還有成長。

就算不被關愛也無所謂

我在「文藝復興週末」發表演講後，有個人對我說：「你必須先愛別人。」這看法我尊重但不同意。正如飛行前的機艙廣播所言，碰到緊急情況，氧氣面罩從上方掉落，自己要先戴好，再幫助別人。

開始愛自己以後，我的內在起了變化。恐懼強化自尊，愛卻軟化自尊。我變得更開放，也更脆弱，我自然而然地溫柔待人，甚至是對方對我毫無關愛可言的時候，我仍然不改態度。不容易做到的時候，還有循環法、靜觀法、提問法可以回歸到自愛的狀態。

這當中蘊含著力量。我對於情況不回以情緒反應，而是主動去選擇自己想要處於何種狀態，因而能產生更好的情況，最終創造出更美好的人生。

關注念頭的選擇權

躺在山丘上，小草輕騷著頸子，美好的晴天，藍色的天空，頭頂上的白雲飄飛而過。一個又一個的念頭浮現，我觀看那些念頭，認清它們的真實樣貌。我不把自己當下的經歷加諸在念頭之上，而是選出哪些念頭想關注，哪些念頭不想關注。選擇權總是在我的手上。

念頭浮現，漂移，轉變，變形，念頭的本質就是如此。我為這一刻挑選了一個念頭，又隨即把念頭放下，永遠不依附其上。單純去經歷我所選擇的，這全都是經由愛的濾鏡所為，僅是如此罷了。

練習活出體悟到的真理

在我看來，不該閱讀一大堆的心靈勵志書籍，不該參加各種研討會，不該聽從不同的心靈導師，只要選擇一件事去做就行了。選出內心覺得真正該做的那件事，然後竭盡心力不斷練習。

投注在上頭，然後全力以赴。在此，奇蹟會發生，人生會超乎預期。

我找到了自己該投注在哪件事情上，那件事來自於悲痛之處，來自於「不能再這樣下去」，然而，不一定非得經歷這樣的痛苦，可以是來自於某位朋友、某本書、某位愛人，也可以是來自於喜悅。

如果有別的事情是你覺得該做的，就去做吧。我認為細節其實不重要，重要的是練習，是努力活出你體悟到的真理。

最後的結果會是值得的，願你獲得美好的結果。

第 2 章

愛自己的日日練習

愛自己的使用說明書

我撰寫第一章時，當時的動機很明確：「無論讀者一開始讀這本書是抱持何種反對意見，等到讀完以後，就會心悅誠服，願意去試著愛自己。」

背後的理由很簡單：我體驗到愛自己帶來的奇蹟，而我把這個練習跟別人分享以後，也見證到別人身上發生的奇蹟，於是我明白了，你只要把我做過的事應用在生活上，就也會體驗到奇蹟。

體驗到愛自己帶來的奇蹟後，內心就開始起了變化。你也許會隨波逐流，也許會撒手放棄，但對於自己有可能做到的事，絕對不會對自己說謊。

第二章的內容是回覆數以千計的讀者來函而得來的成果。我從讀者那裡體悟到一點，第一章的內容雖然成功，但仍有不足之處，我還必須處理兩大問題才行。

第一個問題是：「愛自己要如何輕鬆地應用在人生上？」第二個問題是：「如何持之以恆去愛自己？」

我的動機是要釐清頭緒，最後我寫出了這章最終版的愛自己實踐指南給讀者，簡單、有效又能持之以恆。

因此才有了這一章愛自己的實踐指南，內容涵蓋原本的練習，並往更深處探究，還增加了我這些年來體悟到的心得，因此效用更大。讀者讀完後就會明白了，愛自己不僅有可能做到，更是簡單得不得了。

最重要的一點，你會懂得愛自己的確切方法。

從打造根基開始

我不知道是什麼讓你讀到這本書，或你的生活過得如何，但是我知道，我們永遠可以變得更好，我們總是可以重新開始。沒有最佳的時刻，無須任何準備或建立特定的心理狀態，此刻只需要做出承諾。

彷彿站在懸崖邊，眺望大海，你想做多少次深呼吸就做多少次，但總而言之，還是得跳出去。

練習方法如下：

首先，挖掘根基，原諒自己，許下誓言。這些動作等同於對人生發出聲明，這樣就能改變一切。

接著，投入練習，練習心智循環法、靜觀法、照鏡法、提問法，並領略各練習法的細膩微妙之處。你會懂得把練習的成果應用在人生上，並且持之以恆去做，根基也能夠變得穩固。

最後，在這根基上開始打造。如何把愛自己應用在過去、現在、將來；如何運用愛自己的能力去愛別人；痛苦的時候該怎麼做；如何讓自己的愛連結到某件比你更宏大的事物。最後會提供實用的建議，教你怎麼實踐這種生活方式。

我會引領著你，並在有助益之處，詳細說明確切做法，一切都是源自於我的經驗。既然我們都是人，那麼對我有用的做法，對你也同樣有用。

我有個建議：不要糾結於細節。一有疑惑，請記住，重要的是意念，而你在此唯一需要的意念就是純粹又專注地去愛自己。

準備好了沒？現在就開始吧！

解開過去的枷鎖

邁向未來之前，必須先解開過去的枷鎖。

我們那麼努力去原諒別人，卻不去原諒我們有力量影響的那一個人——自己，我實在不明白箇中原因。所有的自由都始於內在，就算你想原諒別人，也必須先原諒自己才行，唯有自由者能讓他人獲得自由。

這個道理我花了好一段時間才明白，但應用這個道理以後，愛自己的層次就達到我未曾體驗過的程度。最重要的是做起來很簡單，還能獲得全面的自由感。

試想，放下怪罪自己的念頭會是何種情景，而原諒自己正是能創造出那種情景，能帶領你許下愛自己的誓言。

日日練習　原諒自己

第一步：去某個隱密處，不會被打擾的地方，當你在練習時干擾越少越好，我最愛的地方是大自然。最起碼要是能帶給你平靜的地方，選擇能讓你感覺良好的地方。

第二步：準備就緒後，把怪罪自己的念頭全寫下來，每一個念頭都要寫下來，請不要有所保留。這是療癒的過程，十分莊嚴的時刻，無論出現什麼樣的情緒，都請徹底感受，然後任由它們流逝。你以後會體驗到奇蹟，那是你理應獲得的。

第三步：任由情緒流逝後，要記住一點，你只是個凡人，犯錯是很自然的，生活在這個星球上，犯錯就是人生的一部分。花一點時間想一想。

第四步：把「原諒自己」寫下來，把所有事大聲念出來，反覆念到內心起了變化為止。

有時，你也許需要再多寫幾遍，就能感受到內心的變化。寫下來，大聲念出來，反覆念到你準備好放下為止。記住，你值得。

第五步：把你寫的那張紙撕下來，破壞那張紙。

你可以把它撕毀，可以丟進海裡、湖裡、河裡，可以扔到垃圾桶裡，可以用火燒掉，可以丟進馬桶裡沖掉，可以放進火箭裡，發射到外太空。

無論怎麼破壞都不重要，你是把怪罪自己的念頭全都給扔了，這動作本身就具有象徵意味。重要的是動機的純粹。

就讓這動作把那張紙及其代表的意涵都從你心裡帶開，把它交給人生、交給愛，把它放下。你得到的原諒是你最需要的人給的，那個人就是你自己。

跟自己立下誓約

我第一次寫下愛自己的誓言時，我很絕望，我必須拯救自己才行。我記得自己把筆握得很緊，筆尖力道之大，透過紙頁，刻印在木桌上。

寫完以後，我把筆放下，盯著日誌本看。我做了什麼？

在我眼前的，是黑色墨水留下的字跡，是我許下的誓言。這句誓言是強大的許諾，是對自身的莊嚴作為，沒有逃避的可能。

雖然我不曉得該怎麼去愛自己，但就因為這句誓言，我不得不想出辦法來，於是就把自己關在房裡，日復一日，夜復一夜，不斷關照自身，最後終於做到了。

原本一敗塗地、討厭自己，後來卻變得愛自己、愛人生，還以自己未曾知曉的方式體驗到奇蹟的存在。多年後，依舊是如此，甚至是更有甚者。

這就是誓言蘊含的莫大力量，足以改變一切。

你全力以赴，不再回頭。你不是試試看，不是淪於空想，而是實實在在採取行動。跌倒了就站起來，拍去身上塵土，繼續下去，眼前只有一條路，只能往前走。

回首過去，我還是深感詫異，我竟然弄懂了愛自己的方法。不過，這一點再也不會讓我感到訝異了。我已有所體悟，只要對自己許下真誠的誓言，事情就會開始轉變，內在和外在都是如此，你會感受到周遭的生活像是掀起陣陣漣漪。

請你相信我說的話吧！我曾經跌到谷底，不代表你也一定要跌到谷底，生活中時時刻刻都是可許下誓言的機會。無論身在何處，無論情況看來有多好或多壞，這一刻就是站穩立場的完美時刻。對於無益於我們的，要說「不能再這樣下去」；對於有益於我們的，要說「好」。

其實就是這麼簡單，我向你保證。

我運用那些誓言來改善健康、身材、經濟、感情。當然了，還有那句足以改變一切的誓言——愛自己。我一再做到了。

人生比人心所能理解的還要更加遼闊，真實的自我面貌向外拓展，變得比原本的還要更加宏大。所以，當我們打造出更好的自己，旁人也會隨之變得更好，並且再往外拓及他人，以此推展下去。我們的誓言造就出的成果比原本的影響力還要大多了。

舉例來說，愛自己的誓言轉變了我的人生，卻未就此止步，我把這項練習告訴朋友，朋友的人生變得更好了，還反過來說服我寫下來，就因為那句誓言，你才會在此閱讀我的文字、我體悟的真理。

我們無從預知自身誓言會帶來何種奇蹟，那是比我們更加宏大的事物，我們只能相信它的力量。每一次，奇蹟都會發生。

對自己許下誓言並信守誓言，有個附加價值——你的自信感會一飛沖天。你會以嶄新的面貌走過人生，這是我所能想到的最貼切的形容。

你過去恐懼的事物如今變得可以達成，原因就在於你知道只要對自己許下誓言，全力以赴，走過這整個過程，就會琢磨出一條前行的道路，走得比你想像的還要遠。而對於你已成為的那個人，你會興起十足的敬意。

你想一想就會知道這也是愛自己的絕妙方法。

日日練習　把過去拋在後頭

在原諒自己後立刻進行，因為你剛把過去拋在後頭，現在正是步入未來的絕佳時機。

第一步：帶著紙筆，找個安靜的地方坐下來，親筆寫下誓言，看見字句從筆尖流瀉而出，並且去感受紙張，這過程蘊含著強大的力量。我試過用電腦和手機寫，卻沒體驗到那股強大的力量。

第二步：盡己所能地寫下「愛自己愛得真摯且深刻」的誓言，賦予這句誓言強大的力量，要強大到會讓你有點嚇到。你想要的話，也可以用我的誓言當成指引。誓言的長度可長可短，關鍵在於，它能激發你的內心。

第三步：如果你覺得有需要修改誓言，請再次重寫整句誓言，感受整句誓言蘊含的力量。你對誓言投注的心力越多，得到的收穫也越多。

第四步：大聲念出誓言，反覆念到發自內心對誓言產生共鳴為止。

第五步：把這張紙放在你天天看得到的地方，最好是一天會看到好幾次的地方。就我而言，就是書桌上的日誌本，不過，實際上，哪裡都可以，你會知道哪個地方最適合你。

也可以把那張紙拍下來隨身攜帶，便於提醒自己。不過，如果可以的話，就每天回到那個擺放誓言的地方，一陣子過後，就會發現自己一回到紙張那裡，自然而然會受到誓言的力量所影響並獲致成果。對自己許下誓言，就能獲得這番實質功績，你的潛意識會認定誓言的存在。

第六步：天天閱讀誓言。最起碼一天讀兩遍，在一天的開始和一天的結束各讀一遍。讀的次數越多，意念刻下的凹槽越深。

可以大聲念出來，也可以在心裡默念，不過，每次念的時候都要去感受誓言的力量。試想，若你愛自己愛得真摯又毫無保留，你會是何等模樣？試想，你的人生會是何等模樣？感受一下。這個想像和感覺很重要，不要跳過它。

你將來要是再次做這項練習（我希望你會做），請重新撰寫新的誓言。誓言應該要呈現出你在人生中此時此刻的真實樣貌，這樣誓言的影響力就會更加強大。

隨時放下手邊的事，做十次深呼吸

在投入這項練習以前，我想要先分享能持之以恆的一件事，簡單到你會笑出來，而正是因為簡單才行得通。

我會不時停下手邊在做的事情，做十次呼吸，就這樣。然而，不是平常呼吸那樣，而是深、緩又有意地呼吸，將我的思想完全轉移，集中到純粹的愛自己上。

吸氣時，我對自己說：「我愛我自己。」我感受到光從頭頂上方灑下來，發揮功效；吐氣時，我讓光把需要帶走的東西給帶走。不控制，不強迫，只任由它去，什麼都要放下。

我想出這種方法來克服懶散。無論情況有多順利，我最後都會隨波逐流起來，所以我打造出的方式一定要非常簡單，我絕不可能做不到，而那就是這種方法的作用。

記得，如果想要獲得莫大的奇蹟，就要全力以赴。將每一次有意識的呼吸都集中在愛自己上，因此，這不會被跳過。當你懶散的時候，它能讓你保持動力，還有，你將沒有藉口可以跳過。

如果你在健身房見過我，就會發現我健完身都會走到鏡子前面，凝視自己的雙眼一陣子，然後咧嘴而笑，那表示你恰好看見我做了十次呼吸的照鏡法。

在我的住處外，你會看見我停下腳步，抬頭望著天空一陣子，然後再走進住處，那表示我做了十次呼吸的心智循環法。

我的一整天都充滿著這樣的時刻，何不去做呢？做起來感覺很好，能把「愛自己」的凹槽刻鑿得更深，還在我的人生創造出奇蹟，最重要的是隨時隨地都可以做。

本章其餘內容的練習會納入十次呼吸法，這樣你就能理解我是怎麼做的，也應該會懂得怎麼加入你的人生中。

練習成為拯救自己的人

我第一份工作是在臨床研究領域，當時才剛從大學畢業，負責蒐集急診室資料，希望能因此進入醫學院。

人生難料，我愛上了寫作，接著，偶然發覺了新創公司，醫學院便化為泡影。不過，這樣的經驗也帶來了影響，在某些方面，更引領我構思出這項練習。

我許下誓言後，不曉得該怎麼愛自己。我們當中有誰受過那樣的訓練？於是我開始在腦海裡做各種嘗試，每一件我能想像到的笨事情，我都試過了。就算某件事看似愚蠢或太過簡單，我才不在乎，我在乎的就只有一件事——有用就好。

基本上，我是在腦海裡執行臨床試驗，樣本數是一——我自己（我必須拯救的人）。為得知做法有沒有用，我會看做法能不能把我帶離目前所處的慘況，如果可以的話，我就會多做幾次，更深入去做，如果做法不再有用或效用變弱，就丟在一旁。我不依附於任何事物，只看結果如何。

最後就只剩下四種做法：

1. 心智循環法
2. 靜觀法
3. 照鏡法
4. 提問法

如果要訂時間表的話，那麼心智循環法是第一個要做的，其次是靜觀法，然後是照鏡法，而我處理別人以及他們的戲碼時，就是提問法派上用場的時候，這四種做法以各自的方式運作。

你可能會只想做一個，千萬不要落入這種陷阱，雖然每個都很有力量，但將這四種做法一起應用的話，它們的影響是加乘的，也就是創造我生命的魔法。

因此，對自己許下愛自己的誓言，全力以赴吧。

心智循環法：反覆說「我愛我自己」

我寫下誓言，試過各種可行的做法，接著就發現自己反覆說著「我愛我自己」之時，有些短暫的片刻我真的讓自己相信了「我愛我自己」。

起初，那感覺像是我騙了自己的腦子。討厭自己，難過得要命，都是很正常的感覺，所以突然感受到愛自己，就算只是感受到一、兩秒，還是覺得很陌生。

這種感受當中有某種東西，某種特別的東西，雖然看不見，但我內心深處能感覺到。

我越是常體驗到這種感受，心理狀態就轉變得更快，所以我有意把感受納入心智循環法，我讓自己感受到我對自己的愛。這個細微差別帶我進入到下一個層次。

我做越多次，就變得越好，人生也變得更美好。念頭和感受加起來，就能共同創造出更高層次的轉變，好過於只憑著念頭去做。

一陣子過後，這種做法變得容易起來，凹槽越來越深。我還記得第一次感到自己的感覺在上升，我站在住處外頭，抬頭凝視天空，突然強烈感受到愛自己的感覺，如此自然，如此真實。

我一定要抓住那一刻才行，或許是為了提醒自己，那一刻實實在在發生過。我還是不太相信，這竟然是我面對的現實，也怕這現實會消失不見，我跑著上樓梯，進了自己的公寓，把這樣的感受寫下來。

你進行著帶有感受的心智循環法之時，起初會覺得陌生，可能會覺得自己是在假裝，覺得那不是真實的。若是如此，請問自己：「我腦子裡的噪音是不是真實的？」

那只是念頭在不斷循環播放，是舊有的凹槽與模式在自行運作，是心靈的碎紙花。就像你解決了一些難題，但明天還是會有新的版本冒出來；就算你今天把內心對某人的憤怒給放下了，下星期可能還是會對別人產生憤怒。除了裝出來的樣子，其他並沒有改變。

因此，這個凹槽才會有很高的成效。既然我們已經準備好去愛，愛就能穿透混亂，自然而然甩開垃圾，舊有的念頭模式會失去力量。

當我處於低潮時，我不在乎為什麼我的思想偏向恐懼的念頭。你的身上要是著了火，根本就不會想聽別人說教，講述燃燒的性質，這時要的就只有水而已。

我不去對抗腦海裡浮現的念頭，而是去關注唯一重要的事情，唯一能拯救我的事。正如某位聰明的友人對我說的，我是從裡到外活出人生。

我就是憑藉這種方法成為今日的我，而這正是心智循環法的重點所在。

日日練習 建立新的心智循環

心智循環法是最簡單的練習，只要一有機會就反覆說著「我愛我自己」。可以大聲念出來，也可以在心裡默念，你覺得適合就好。就是這麼簡單。

這樣做是讓心思轉而進入專注的凹槽裡，是拿出抹布把窗戶擦乾淨，讓光自然灑入，而光總是會灑入的。

你或許會興起反抗的意念，畢竟特地把心思放在一件事物上並不尋常。那種心理紀律是我們未曾學過的，因此回憶與情緒可能會浮現，要你別那樣做。

但是，第一，這是意料之中的情況。請溫柔對待自己，然後繼續進行。你正在打造全新的凹槽，這是愛自己的一種方式。

第二，不要聽從內心的恐懼。那些全都是你幻想出來的蛇，每一條都是。要拯救自己，就必須跨過幻想之蛇。

英雄踏上追尋之路的時候，內心都很清楚，尋寶之路會遭遇重重阻礙，那是偉大冒險的一部分。在你的故事裡，你是英雄，幻想之蛇是你面臨的阻礙。

第三，跨越幻想之蛇，就能建立自信。你會發現自身的力量比假象還要強大。不過，沒有一本書、沒有一個人能夠替你去做，唯有你才做得到。

等你稍微習慣心智循環法（只需約一、兩天），就可納入感受，如此就能往上提升一個層次。

為什麼要等呢？因為你一開始就做的話，反抗的意念會更強。由此可知，最佳做法是一步步進行，先挖凹槽，然後往下挖得更深，水自然而然就會流過來。

要納入感受的話，應緩慢、有意識地呼吸。吸氣，說「我愛我自己」，感覺胸膛有愛浮現出來，此時把愛想像成光，會有幫助；吐氣，把浮現的念頭釋放出來，不要強迫也不要假裝，而是任由其自然發生，因為你的愛已存在於你的內心。

愛自己的練習次數越多，刻下的凹槽越深，越是能成為潛意識的一部分，越是會開始自主運作，最後腦海就更會展現出愛自己的凹槽。

有些人喜歡說：「我愛我。」有些人喜歡說：「我被愛著。」不管是哪種版本的「我愛我自己」都行得通。記住，這類字句背後的意念才是真正重要的，既然如此，你的意念必須是純粹又專注地去愛自己。

剛開始時，你就要像著了迷那樣去實踐心智循環法，盡量練習得越多次越好，帶著感覺去做，你會發現內在有所轉變，然後外在也隨之轉變，你要全力以赴。

不過，到了最後，如果你跟我很像，那麼情況開始變得非常順利，進度就會逐漸變慢，這沒有關係，人生漫長，有其節奏。不過，有一點倒是危險，要是停下不做了，就會開始不知不覺陷入舊有模式。

雖然你永遠不會回到曾經所處的地方（畢竟你已打造出力量強大的新凹槽），但是過去的凹槽會變深，那些是一輩子刻鑿出來的層層凹槽，是你所要對抗的。

所以，要做到持之以恆的話，以下是我的建議：

醒來時

緩慢的深呼吸，在心裡默念或大聲說出來：「我愛我自己。」想像光從上方進入腦袋裡，擴散到體內各處，光該去哪，就讓光去哪，感受愛自己的感覺。然後，吐氣。

做十次呼吸法時都要這麼做，而且都要想像以上的畫面。用這方法開啟美好的一天。

白天

你一留意到內心的念頭遊蕩到黑暗之處，例如憤怒、受傷、痛苦，恐懼等，請拿出抹布擦拭窗戶。

你要採取的動作就是「轉移」。如果你留意到自己的心智陷入負面循環，請轉移到愛自己。一整天都要這麼做。轉移，轉移，轉移。

每次轉移時，請在做十次深呼吸時，全神貫注落實心智循環法。碰到困難或壓力很大時，請暫時停下手邊的事情，實踐此法，這樣會有很大的幫助。它還會向你展示，最終，我們對我們的苦難以及我們的康復負有責任，且無時無刻，我們都能得到治癒。

記住，每做一次轉移，新的凹槽就會變得越深。一開始會覺得很像是工作，最後就會自然而然去做，凹槽會自行運作。

入睡時

反覆去做你醒來時所做的事情，但不要停下來，做到睡著為止。

你的心思會四處遊蕩，畢竟那是很自然的事，不過你一旦發現，就要把心思轉移回新的凹槽上。這段時間極其有效，你是在漸漸入睡之際，把那份對自己的愛刻鑿到潛意識裡頭。

這也將是一天美好的結尾。

靜觀法：力量最強的環節

在些練習中，靜觀法是力量最強大的環節。

不過，你也許不會立刻感受到效果，你通常只是坐在那裡，任由思緒四處游移，想著自己是怎麼過人生的、是怎麼落到今天這個樣子、為什麼鼻子會癢、這本書能不能退錢……。

然而，就算思緒紊亂，還是會有片刻寧靜的時候，會有思緒不再妨礙的時候，會有光進入的時候，而那些片刻就已經足夠。

記住，光具有療癒的力量，光可帶來轉變，我們什麼也不用做，只要讓光進來就可以了。不強迫，只任由它來。

有一種方法給我很大的幫助，那就是在練習期間聆聽同一首音樂，那首音樂帶給我正面的聯想，既然我聽那首音樂會有很好的感覺，那麼閉眼靜觀時就能更輕鬆地進入寧靜狀態。不到一週的時間，那首歌一響起，我就會自動進入寧靜狀態，讓光倒入體內。

你開始練習時會有何感受，我無法保證。不過，在此可以保證，你只要實際去做，專注感受光從頭頂進入，讓光進入體內，不久就會留意到內在起了一些變化，我向你保證，接著就會發現人生也隨之轉變。

日日練習　關注自身

靜觀法很簡單，找出一首會帶來美好感受的音樂，播放出來，閉上雙眼，隨著每次吸氣，感受光從頭頂進入體內，對自己說：「我愛我自己。」然後，吐氣，把浮現的念頭釋放出來，如果思緒遊蕩，請讓心思慢慢回到吸氣上，做到音樂結束為止。對我而言，這只需要七分多鐘的時間。

你或許會興起反抗的意念，但不要因此就心生恐懼，記住，在邁向愛自己的路上，會有幻想之蛇出現，一旦認清幻想之蛇只是幻覺，幻想之蛇對你的影響力就會自然地減弱消退，光是這點領會就很值得了。

每天聆聽同一首音樂，練習靜觀法。可以的話，請每天都在相同的時間進行，讓靜觀成為船錨，穩住你的生活，做了幾次以後，依照心智循環法的方式來納入感受。

不建議在靜觀以外的時間聆聽那首音樂，你不會希望自己的腦子把那首音樂跟庸俗的日常聯想在一起。靜觀是一段專注又美好的時間，是拿出抹布把窗戶擦乾淨，讓光進入。請特別看待靜觀的時間。

照鏡法：最困難但必須的練習

在許多人的眼裡，照鏡法向來最為困難。我的建議如下：如果你發現自己很抗拒照鏡法，那麼照鏡法絕對是你必須要實踐的方法。心生抗拒就表示舊有的循環與模式正在奮力求存，那些令你沮喪的也同樣如此，現在該把它們放下了。

我是誤打誤撞想到照鏡法的。某天，我在做心智循環法，大聲念出來的時候，我凝視鏡中的自己，我說著：「我愛我自己，我愛我自己，我愛我自己……」

哇，有一股強大的力量油然而生，

我跟內在的自己產生更深刻的關係，這情況持續五分鐘過後，我有了一種共鳴感，卻也覺得內在所有一切都安定下來，彷彿也都更穩固了。這是最怪異的事。

我繼續每天這樣做。經過多方嘗試終於學到訣竅，訣竅就是望進眼睛裡，不是看臉孔，不是看頭髮，不是看其他地方，而是貼鏡子貼得很近，近到只能看見眼睛，然後對自己說：「我愛我自己」。

這可以把我們的愛固定在生理自我上。把注意力放在眼睛上，就不會去評斷自己的臉孔和身材，越是常做練習，評斷的態度就越是消散不見。

照鏡法很特別，能讓你自然而然愛上自己。

日日練習　凝視鏡中的自己

凝視著鏡中的你的雙眼，不間斷地做心智循環法五分鐘。可以的話，呼吸到一半就閉氣，沉浸在自己的雙眼裡。做的次數越多，越是能體驗到自身的美好。

接著，就像做心智循環法與靜觀法那樣，做了幾次後就納入感受。

建議做的時候，其他事都不要做，像專心刷牙那樣。至於最佳的時間點，可以的話，請在做完靜觀法後立刻做，早上接連進行靜觀法和照鏡法，精神就能振奮一整天。

大聲說出「我愛我自己」，力量更為強大。如果你覺得這樣太誇張，就小聲說吧。望進眼睛裡，並且用自己的聲音反覆說著愛自己，就會引發內在的轉變，讓光進來。

此處的關鍵在於專注力。要全神貫注愛自己整整五分鐘之久，心理上和形體上都是如此。把那份贈禮送給自己吧。

提問法：轉移負面思想

我們很容易就會陷入思緒，自然而然進入念頭循環。我們覺得這很平常，所以很少停下來探問，然而，念頭循環多半對我們沒有好處，往最壞的一面看，還會摧毀自我價值，把我們跟愛隔絕開來。

由此可知，當下提出適切的問題就能獲得顯著的成效。首先，提出問題可轉移思緒，不再處於自動駕駛模式；第二，要回答問題，就一定要有意做出選擇；第三，做出選擇就會引發行動，內外皆是如此。

提出問題及回答問題後，在人生中就會採取主動，不會做出情緒反應。這本身就是一種轉變。以下是我為了愛自己而使用的幾個問題：

如果我愛我自己愛得真摯且深刻，我會不會讓自己經歷這種情況？

「如果」二字把心智編造出的理由全都給抹除了，就算那個當下我覺得糟糕透頂也不愛自己，但只要有了「如果」二字，就還是能回答出真摯的答案。

應對別人的時候，很適合問這個問題。不管別人如何，我內在的感受是我自己的選擇，總是如此，所以，我會提出這個問題，藉此遠離那些帶有情緒反應的念頭。

如果我愛我自己愛得真摯且深刻，我會怎麼做？

做人生抉擇的時候，很適合問這個問題。這個問題讓我專心往前看，不會用後照鏡看著內心的念頭，無論發生什麼事，無論我犯下什麼錯誤，這個問題都能引領我來到我所需要的事物。你之所以閱讀本書，其實正是因為這個問題。

當初，我寫完原版內容並致力於出版事宜時，還是有所猶豫，我很怕自己在矽谷的事業毀掉。後來，某天晚上，我拿這個問題問自己。

答案很簡單：「我要把體悟到的真理給說出來。」這點太重要了，不可以藏在心裡。如果因此被別人當作笑話，那就憑著愛自己撐過去，不管怎樣，奇蹟都會發生，至於是什麼奇蹟，我也不曉得，不過，愛自己帶給我的奇蹟也夠多了，所以我知道奇蹟真的會發生。

回答了這個問題以後，我腦海裡的念頭從恐懼邁向真理，再邁向行動，而本書才得以面世。結果，沒想到我人生中發生的奇蹟竟是如此之多。

如果你曾經感到無助迷失，請拿這個問題反覆自問，它會引領你做出選擇、付諸行動。

我處於光明還是黑暗之中？

這是絕佳的檢查方法。我一旦發現自己迷失在念頭當中，就會拿這個問題問自己。

如果答案是「光明」，很好，我會加強那些念頭並享受其中；順道一提，你越是愛自己，就越會發現自己置身此處。

如果是恐懼、憤怒、正義的說法、傷害，就代表著我置身於一片黑暗當中，對抗不了，也推不開，反而使黑暗更強大，反倒只把我從當下給拉走。

於是我回頭採取有用的做法，我拿出抹布擦拭窗戶，做了十次的愛自己呼吸。有時，這樣就能立刻帶我離開黑暗；有時，還要多做幾次呼吸才行，全看我有多深陷於內心的念頭。不過，這種做法很有用。

日日練習 向自己提問

你也許很想三個問題全都運用，但我會勸你不要這樣做，如果此時你還不習慣拿這類問題問自己並回答，太多選項反倒會讓人猶豫不決，通常猶豫的時間足以讓舊循環通過。一道問題好比是另一個電燈開關，只要習慣打開電燈開關就行了，等凹槽加深，習慣成自然以後，再加上一道問題。

一開始先自問：「如果我愛我自己愛得真摯且深刻，我會怎麼做？」

這個問題很容易記，也很適用於任何的念頭或情況。只要這麼做，人生品質就會獲得改善。

加深凹槽的方法如下：

選出你心目中認為很重要的一件事，可以是感情，可以是健康，也可以是個人目標或事業目標。然後，每次你投入那件事的時候，就要拿這個問題問自己。

舉例來說，如果是關於健康，每次當你要吃的時候，就要問自己：「如果我愛我自己愛得真摯且深刻，我會怎麼做？」

你的回答會將你從舊模式轉移到你的選擇，然後行動。一旦開始習慣，自然而然會拓及人生中的其他領域。

我在撰寫本章時也運用了這個問題。我承諾要盡心盡力付出，因此，只要有人提出的要求會讓我停下寫作，就算是對方的好朋友，我也會自問：「如果我愛我自己愛得真摯且深刻，我會怎麼做？」然後我會按照心中的答案過日子。

「問題」最能引領人們遠離心智中、人生中那些不利的事物。

晉升到下一個層次

先挖凹槽，也就是說，吸氣時說「我愛我自己」，吐氣時把浮現的念頭釋放出來。然後，往下挖得更深，並納入感受。如此一來，就能離開黑暗，走向光明。

還有另一個層次。等你留意到吐氣的變化，就等於是準備好邁入下一個層次，那裡有著更清淨、更祥和的感覺。是時候再度往下挖得更深。

吐氣時說「謝謝你」，帶著感覺去做。

總而言之，如果你愛自己也體驗到奇蹟的話，自然就會心懷感激，感激的對象或內容全憑自己而定。重要的是去感受這份感激之情。

再說一次，做起來十分簡單，吸氣時說「我愛我自己」，吐氣時說「謝謝你」，並感受個別蘊含的情緒。練習心智循環法、靜觀法、照鏡法時都要這樣做。

只要把光吸進來、把感激吐出去，就沒有空間可容納黑暗。只要做得足夠，最終這循環就會開始自主運作，那會是你想要置身的境界，在那裡，愛與感激會隨著氣息自然呈現出來，那會是一段美妙的體驗。

你也許很想現在就開始進行，我也樂見你試試看。人生掌握在你的手上，有意義的結果也掌握在你的手上，不過，我學到一點：跳得越用力，反抗的意念就越強，幻想之蛇的手段很狡猾。但若是一步一步往前，反抗的力道就沒那麼大。過程溫和一些，成功的機率就比較大。

我到達這境界，靠著就是挖凹槽，觀察內心浮現的念頭，然後以自己覺得自然的方式往下挖得更深。不需要地圖，我就跟任何人一樣，天生就已經做好了愛的準備，只要認同了這點，凹槽就會自行挖得更深。

建立儀式感

在基本的訓練，進入軍營前必須先做二十個伏地挺身。無論你是不是筋疲力盡，是不是一整天進進出出，反正進去前一律都要先做伏地挺身。

這是一整套的程序，從靶場到餐廳，總是有伏地挺身和引體向上要做。這些動作帶來的效用不只是讓一些新兵變得身材更好而已，幾個月後，我一踏入建築物，還是會想做二十個伏地挺身，不得不把這種衝動給壓抑下來，那套固定的程序已深植在腦海裡。

我把這個概念應用在練習上，要知道自己該做什麼事，然後讓這件事進入自動化模式。舉例來說，我一坐下來寫作就會閉眼深呼吸，去感受我對自己的愛。我對於即將出現的詞句懷抱著感激之情，此外，由於這種心智循環會一次次變得更加茁壯，所以我也因此變得愛自己，而那些詞句就會湧現出來。

早上靜觀，進入建物前先做十次呼吸法，起床後、入睡前也要做十次呼吸法，這些都是我為自己制定的固定程序。

不要每天早上都浪費幾分鐘的時間想著到底應不應該刷牙，去做就是了。這就是固定的程序蘊含之力量，固定的程序會打造出凹槽，我們稱之為習慣，而這些習慣無論好壞都會影響到我們的生活。

對於早晨、睡前、白天反覆要做的事情，制定出一套固定的愛自己程序。從飲食到商業會議，都可以包含在內，你把越多練習加入你的自然節律當中，這些練習越是能成為你的一部分。

請勿跳過。進行固定的程序等於是在實際應用你所許下的誓言，少了固定的程序，很有可能拖延到自己需要的東西，少了固定的程序，第一要務很可能會變成最後要務。

如果正要經歷艱難的時期，固定程序就更應該往上提升才對。靜觀的次數要超過一次，一有機會就要實踐照鏡法，每天經常練習十次呼吸法，這樣就能有助你度過難關。

把練習排進行事曆

靜止的物體除非施加外力，否則一律維持靜止不動，這是牛頓第一運動定律，有時亦稱為慣性定律。平台上的火箭除非點燃助推器，否則永遠都會停留在平台上。愛自己也是同樣道理，這句誓言有如火箭發射所需的能量。

不過，要怎麼做才能讓火箭繼續推進？

就我們的情況而言，最初的興奮感磨滅以後，要怎麼做才能持續愛自己？當責任成為絆腳石，當你就是不想做的時候，該怎麼練習呢？很簡單，請記錄自己的情況。

利用行事曆，在一天結束時，核對自己做了哪些練習環節，如果全都做了，那一天就畫個大叉。看到一連串沒有中斷的叉，就會興起一股深切的滿足感。

事情該做卻沒做，人的腦袋本來就擅長找藉口合理化，那是舊有的心智循環在奮力求存，所以用外在形式擔起責任會是很有用的做法，無論有什麼藉口，行事曆上面的空白方塊是騙不了人的，空白的方塊會逼迫我們面對現實，意識到自己就是沒做到。

我剛開始並未採取這種做法，但後來人生順遂起來，我變得懶散又隨波逐流，才發現這個記錄的動作會自然促使我付諸行動。就是這麼簡單。

此外，最好先矯正自己，免得人生來矯正你，等到人生出手干預，過程往往痛苦許多。

劃下底線，跌倒再站起來

無論誓言有多熱切，無論採取何種記錄方法，在這一路上還是有可能滑一跤，還是有可能錯過某些練習環節，還是有可能變得懶散又隨波逐流。因此在這件事上務必要對自己誠實以對，並且制定計畫。

首先，不要為了這件事怪罪自己。有哪個人的相片會用「完美」當標題呢？我至今仍未看見。跌倒了再站起來，就是人生的一部分。

其次，從練習中挑出一件事是你無論如何也不會跳過的，這就是你劃下的底線。這是你遵守誓言的最低限度。

靜觀是我劃下的底線。無論一天是怎麼展開，沒做靜觀我就不睡，這樣就算我對自己許下的誓言並未徹底信守，但最起碼我信守了心目中最重要的部分，從而保有一定的動力繼續下去。然後，第二天，我將恢復完整練習。

劃下底線，就能保有動力繼續下去：

- 靜觀法，一天做一次。
- 照鏡法，一天做一次。
- 十次呼吸的心智循環法，一天做十次。

你覺得哪種練習法的力量最強大，就選擇那種練習法，並且持之以恆去做。不過，請記住，只要做得到的話，就該回到完整的練習，在那裡，奇蹟發生的速度最快。

由內而外落實，不求完美也不強迫

總之就是要做到原諒自己、許下誓言、練習，由內而外落實。

這裡沒有所謂的完美，不強迫，也不設法迫使任何事發生。只是投入，任它來。就讓光進來，讓光去做該做的。我們全都能做到。無論我們的人生有何經歷，我們全都做好了愛的準備。

我終於體會到這樣過活能帶領我們進入人生之流。我們不去對抗、不去掙扎，我們跟隨情勢的自然發展。或許正是因為如此，不僅內在有所轉變，外在也隨之轉變。

原諒自己、許下誓言後，一整個月都要不間斷練習。我一開始這樣做了以後，人生得以轉變。對於那些跟我談過的讀者而言，這種做法也行得通。

許下的誓言結合時間，誓言突然真實起來。結果，成真的可能性也提高許多。由此可知，要一個月都信守誓言、擔起責任才是。請記錄自己的情況，劃下底線，制定固定的程序。全力以赴吧，只要一個月的時間，就得以愛自己愛得真摯又深刻，就得以改變人生。

本章的其餘內容講述了我這些年來愛自己體會到的心得。哪種感覺適合就用那種，但務必要把練習當成根基才行。

童年的枷鎖，只有自己能解

我向來很難應對分手的事，每當一段關係結束，我就忘了自己的價值，往下沉淪。那是鑿得很深的凹槽，因此務必要持之以恆練習，鑿出另一道凹槽。否則，心思就會回到其所熟知的苦境。

練習靜觀法的時候，我突然意識到自己何以會有這道凹槽。我爸虐待我媽，有一次爸爸大發作，媽媽後來出門採買食物日用品，再也沒回來。我們都計畫好了，媽和我商量過了，等我爸睡著，我就帶著弟弟溜出門，去附近見她一面。

爸爸抓到我了，我仍記得那一刻，往下望著那些樓梯，那道鎖住的門好遠好遠。她不見蹤影超過一週。我設法逃脫多次，但都不走運。

然後，一天下午，爸爸帶我們去公園見她。我們坐在長椅上，爸爸努力勸媽媽回家。不過，爸爸不讓我碰媽媽。我永遠忘不了當時的感受，我如此渴望她伸出手來抱住我，卻沒辦法，心真的好痛。

怪不得感情關係結束，我就崩潰了。在這些時刻，我不是行事有條不紊、懂得人生如何運作的成年人，而在幕後操控的、迫切需要愛的，是個小男孩。

不過，沒有人能滿足他的需求，感情關係、物體、物質或逃離，都滿足不了。只有我才能滿足那個小男孩。於是上次發生這種情況的時候，我面向內心，閉上雙眼，想像小男孩的模樣。然後，我抱住他，愛他，就只是愛他。

你知道嗎，他需要的就只是這樣，他冷靜下來。只要他又扯住我，我就抱住他，愛他。此外，又可趁機愛一部分的我。

人都有弱點，而這恰巧是我的其中一項弱點。你的弱點也許不一樣，但基本上我們都相同，我們都是凡人，愛和恐懼的枷鎖把我們全都綁在一起。

無論你在內心發現的是何種童年枷鎖，首先要打開心胸接納它們，它們是你個人經歷的一部分，它們造就出你現在這樣一個美好的人。

其次，愛自己的那個部分。此時此刻，請把你過去需要的給自己吧。你會體悟到真相，原來你一直以來需要的，其實就是自己。

日日練習 釋放童年的枷鎖

第一步：在安靜的地方坐下來或躺下來。像一直以來那樣，做得到的話，挑選的地方應該要帶來很好的感覺。

第二步：閉上雙眼，練習心理循環法。把愛吸進來，把浮現的念頭吐出去。讓頭頂上方的光流進體內。反覆做到你覺得節奏自然為止。

第三步：一隻手放在心上，這一顆心臟曾經為了年幼的你而跳動。

第四步：準備好以後，想像眼前是年幼的自己。若你或年幼的自己有了情緒，請耐心等待，任由情緒流瀉出來。

第五步：感受一下心跳。那心跳屬於你，也屬於年幼的自己。你們倆處於同步狀態。

第六步：然後，把愛送給眼前的孩子。

你可以抱住那個孩子，說：「我愛你，我愛你，我愛你……」也可以保持一段距離對他這樣說。

你感受光流經你的身體，進入那孩子的體內，讓所有需要放下的念頭全都消散。你可以默默無語，也可以大聲說出你的愛。

細節不重要，唯一重要的是你的意圖，亦即把愛送給眼前的孩子，把你擁有的愛全都送給眼前的孩子。

第七步：若有長久壓抑的情緒湧了上來，也別驚訝。請釋放出來，放自己自由。

第八步：沒有什麼要解決的，沒有什麼要修正的，沒有別的要做的。等你給出了愛、獲得平靜後，請睜開雙眼。

第九步：再次感受一下心跳。然後，就完成了。

這裡提個建議，你不一定要設限在童年的自己，你也可以把愛送給去年的自己，甚至是昨天的自己。如果最近過得很辛苦，這種做法特別有幫助。

把你需要的愛送給過去的自己。在你能做的事情當中，那是力量極強大的一件事。

想像將來的自己

某天，我把愛送給了年幼的自己，然後自問：「有一天，我會變得更老、更聰明，到時將來的自己會對今天的我說什麼呢？」

一想到這個問題，不由得坐起身子，興奮不已。將來的自己會經歷過所有的一切，受益於今日之我所沒有的後見之明，而送給我的愛與慈悲也是唯有體驗過我人生的人才能送出的。將來的自己對今日之我的了解勝過於任何人。

答案顯而易見。將來的自己對我所做的，正如同今日之我對年幼的自己所做的。

於是我閉上雙眼，練習心智循環法，想像將來的自己站在眼前，他露出的微笑充滿著愛與理解，然後他擁抱我，吻了我的頭頂，把愛給了我。

我什麼也不用做，只要接受那份愛，我的愛。

就這麼做吧。

不要怕給予愛

如果我跟我很在乎的人之間有了問題，我會練習心智循環法，想像自己抱著對方，然後吻了對方的頭頂，把愛給對方，就這樣。

我得以離開憤怒、受傷或怨恨的狀態，離開黑暗，離開一切。光流進體內，彼此之間的不睦從而獲得療癒。我也想起了什麼才是重要的。

練習的時候，要記住一件事：重點是改變自己，不是改變對方。也不要怕給出了愛，給自己的愛就會少了。

愛不是乞丐的碗，愛是深井，與生命本身有著密切的連結。越是讓愛流經自己，自己就越是會改變，越是會獲得愛。

愛自己如同一個降落傘

有時，愛自己會是最難做到的事，尤其是當我們陷入痛苦之中。如果發現自己處於這種狀態，請對自己說：「人生愛我。」

如果你相信上帝，請把「人生」二字換成「上帝」。或者說，就讓「人生」二字成為星火，造就萬物，造就你，而你因此得以連結到比你更宏大的事物。

請你反覆對自己說這句話吧。把一切擱置一旁，靜觀，循環播放這句話。吸氣，接收光。想像自己說的話是真實的，並且設身處地去感受。這點十分重要，不要光在腦海裡說，要親身體驗。

吐氣，把浮現的念頭全都給呼出來。反覆進行，直到吐氣時唯一浮現的念頭是簡單的「謝謝你」。

靜觀完畢後，有機會就要回到腦海裡的那個地方。就算是做十次呼吸也好，做到「謝謝你」這句話成為主要的念頭為止。

這就是降落傘，可以幫助你。就算你根本不相信，它還是能幫助你。無論你對於萬有引力和空氣阻力有何信念，降落傘都很有用。

第一，降落傘可以讓你遠離腦海裡那些帶來無力感的說法；第二，還可以帶你走出自我，享受純粹活著的感受；第三，它會提醒你被愛的價值。

一旦你需要轉移，就回到愛自己。你可以隨時使用此方法。

將自己與造物主連結

我認為人類是某個更宏大的事物當中的一部分，是大火當中的點點星火。愛自己讓我有了這一層體悟。有太多超乎掌控的事物在人生中起了變化，我不得不予以合理化。

你也不用相信我的做法，無論如何，人生自有運作之道。不過，我想要分享自己是怎麼藉此把這項練習的層次更往上提升。

在上一篇，我把降落傘送給你。我在此也運用同樣原則，只是沒有一直等到需要的時候，而是把這樣的原則跟愛自己搭配使用。

我閉上眼睛，感覺頭頂上有光籠罩著我，每次吸氣就說「我愛我自己」好幾遍。然後，我轉換到比愛自己還要更宏大的境界，你可以稱之為「人生」、「上帝」或「宇宙」，只要是你覺得適合的名詞就好。

我憑著本能來回轉換名詞。最重要的，我會去感受「愛自己」加上「我被愛」會有何感受，這是一段美妙的體驗。

我吐氣，把浮現的念頭釋放出來。不過，我做完的時候，會確保吐氣時自然浮現「謝謝你」的念頭。就這樣。

心智循環、靜觀、照鏡，都可以做，你的凹槽將會更深。

不要停止練習

想像你已原諒自己，你已許下誓言，你已全力以赴，你生活，呼吸，天天練習。你體悟到自己無法天天都做得完美，重要的是你的意圖，重要的是持之以恆去做。

你一有疏忽，也許會怪自己不夠好，但你會放下。經過這些之後，怪罪自己不是愛自己的表現。

你的內在已有所轉變，人生的外在已有所轉變，你有了活力，一個月過後，我有一個問題問你……

如果你愛你自己愛得真摯且深刻，你會怎麼做？

我會建議你不要停下來，拜託。

過去的凹槽十分強大，別讓它們在你的意識中重新占有一席之地。重新努力，把愛自己的凹槽刻鑿得更深，你越是經常刻鑿，凹槽就越是會成為你的一部分，越是會成為真實自我的一部分。

再次進行整個過程，原諒自己，許下誓言並練習。

聽起來像是工作，其實不然。只要一個月，奇蹟就會展現在你的眼前。將它形成一種習慣，並從此開始建構，再度踏上一個月的愛自己旅程，形成更好的習慣，然後再踏上另一個月的旅程。

試想這樣做一年下來會是何等情景，你的人生將會美好到你認不出來。我向你保證。

恐懼其實是轉變的力量

愛自己最具轉變力量的功課之一就是：

如果它會嚇到我，就表示有奇蹟存在。

這一點再怎麼強調也不為過。若說人生有某條法則的話，這就是了。任誰都能把內心的恐懼合理化且編造出許多冠冕堂皇的理由。不過，那些對我們沒有好處，唯有跨過恐懼才有益自身。

愛自己帶給我以下的益處：我認清恐懼的真實面貌，恐懼是幻想的蛇，不是真的，沒有用的。然後，我愛我自己，跨過恐懼。每一次都會發生奇蹟。

就算人生並未把我期望的確切結果賜給我，但跨過恐懼以後，就得以在人生路上繼續往前邁進，因此獲得的回報要麼更好，要麼同樣好，而且往往是獲得更好的回報。

我反覆進行這項跨過恐懼的練習，體認到自己不該一直迴避恐懼感。恐懼感就跟其他東西一樣，是一種訊號。恐懼感會叫人避開熊熊火海，不想從幾百公尺的高度躍下，除此之外，恐懼感這種訊號也會指出奇蹟在何處。

而人生必須跨過恐懼，我不知道原因，但事情就是這樣。

你自己也去試試看吧，跨過你的幻想之蛇吧，這就是愛自己的實際應用。每天挑選一樣恐懼，然後跨過去。有時，你不得不跨過同樣的恐懼千千萬萬遍，不要緊，你是在加深凹槽，你即將成為跨過恐懼的人。

你要一遍遍跨過去，最後就會展現出自己的真實樣貌，最後就會習慣成自然。別忘了享受另一面的奇蹟，那是你理應獲得的。

發現人生帶來的奇蹟

最初開始練習時，我的內在獲得好轉，然後外在的人生也獲得好轉。我開始體驗到難以解釋的同步性*。若要用一句話來形容，最坦率的說法就是：「人生開始順利起來了。」

我越愛我自己，人生越順利，而且是以我沒料到的方式展現出來。我開始用「奇蹟」二字形容這種情況，沒有更貼切的字眼了。

奇蹟發生得越頻繁，我越是期待起奇蹟來，就像是期待太陽在早上升起。在我的人生，奇蹟成了一件尋常事。

不過，重點來了……

你不用等待人生在你眼前展現奇蹟，其實只要全力以赴去愛自己，你期待的奇蹟就會出現。不過，奇蹟開始發生時就要留意到奇蹟的存在，不要把奇蹟當成巧合，摒棄在一旁，更不要視而不見。

當你留意到人生送來的贈禮，人生就會給你更豐厚的回報。這句話聽起來雖是老生常談，卻十分真實。

注意力好比是黑暗裡的鎂光燈，注意哪裡，哪裡就會變成現實。簡單來說，就是期盼什麼就會得到什麼。

想要往上提升一個層次嗎？那就在體驗到奇蹟的時候，懷著感激之情吧。想要邁向更高

* 在沒有因果關係的情況下，事件之間出現看似有意義的關聯。

的層次嗎？那就在體驗到奇蹟之前，先懷著感激之情，期盼奇蹟的到來。然後，親眼看著人生把奇蹟送來。我說這些話不是因為這些聽起來很美好，而是因為真的有效用，就試試看吧。

前文所述並不是困難的火箭科學，你只要是在過生活，我就敢打賭你肯定有過這類經驗。那麼，如果你愛自己愛得真摯且深刻，你會怎麼做？

我會期盼奇蹟到來，並為此心懷感激。希望你也這樣做。

讓自己閃耀燦爛的光芒

我構思愛自己練習，其實是設法在拯救自己。何其有幸，愛自己練習發揮了作用。然而，我沒料到愛自己練習竟然讓我得以重生，大幅改變我的人生。

人生短暫，我們只不過是一瞬之光，頓時消逝不見。我們活在世間的這段時間，只有一件任務——閃耀燦爛的光芒。我說，**因為你存在，所以你必須發光**。

為了自己去發光，為了這段體驗去發光，為了你愛的人去發光，為了你的信念去發光，去發光就是了。當你愛自己時，你自然就會發光。

所以運用這章的內容吧，真摯且深刻地愛自己。就算有所不足，那又如何？你是凡人，跌倒了就再站起來，拍去身上塵土，更真摯地愛自己，人生也會對你回報愛。

第 3 章

踏上愛自己的旅程

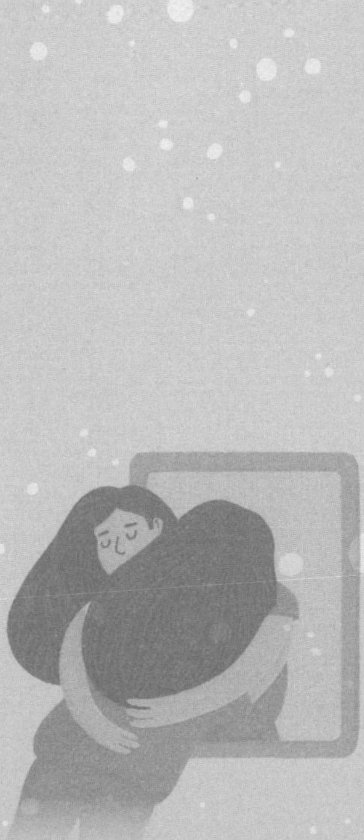

隨波逐流後，重新回到愛自己

學習愛自己六年後，我失敗了，而失敗全是我一手造成的。頭兩年的時間，我都在隨波逐流，把注意力放在問題上，對人生回以情緒反應，而不是由內而外採取主動，練習也被我拋在腦後。我記不得上次許下誓言是什麼時候，遑論全力以赴。

我打造的自愛凹槽夠堅固，可以撐上一段時間。不過，過去的凹槽刻得太深，懈怠得太久，水就會再度流向過去的凹槽。

懈怠的結果先是對我的心智產生影響，隨後是我的人生。然而，總是有許多藉口讓我隨波逐流。隨波逐流的時間越久，就越是會迴避自己最需要的。「自我」就是如此棘手。

後來，我深愛過的女人突然跟我分手，這打擊讓我跌得很重。跌倒有一點好處，你的自尊會比你跌得更快，所以放下自尊很容易，而我也放下了。我感到羞愧，竟然讓這種事發生，早就知道的事卻還是像不知道一樣，也沒有實踐自己在書中寫的道理。我必須救我自己才行，於是我全都放下。

我回到練習上。一點一滴，一道凹槽又一道凹槽，從頭開始愛自己。然而，就算明知下一步是什麼，卻往往還是心生反抗。老實說，我是因為自己跌得那麼慘才在懲罰自己。儘管心生反抗，儘管把簡單的事變得更複雜，儘管阻礙了自己的路，但練習還是產生了成效，不到一個月，我便有所轉變。愛自己很有效，就這樣。

本章內容是很私人的故事，一字一句正如本書其餘內容那樣真實毫無造假。我最大的弱點，也是許多讀者同樣會有的弱點，那就是當情況開始順利後就會隨波逐流。我分享這段經歷，以免有人落得跟我一樣的下場。你會看見我跌倒，奮力往上爬，然後運用那些曾經拯救我人生的原則，重新站起來。此外，你會體悟到這趟旅程的微妙所在。我的經驗能幫助你往前邁進。

有時，我們從別人的錯誤中學到的功課，還多過於別人的成功。如果你覺得這是本書最有用的部分，也別感到訝異。

頓失所依的第一天

我搭乘紅眼班機回家，原可選擇更輕鬆的航程，但我想早點回到她身邊，我已經遠行一週半了。我搭車進入城裡，望著金融區的玻璃建築在晨光下散發光芒，不由得露出微笑。

我打開門，她前來擁抱我，但不是平常那樣，她平常都是奔向我，緊抱著我。她倚進我的懷裡，抱得有氣無力。

「怎麼了？」我問。

她一整晚沒睡，都在哭泣。她要離開我，她需要時間和空間，還沒準備好要定下來，她不再需要我，對我的感覺不像我對她那樣。她說：「不是你的關係，是我的問題。」

頓時天旋地轉，彷彿我剛走進門，踩在地毯上，而她彎下腰，把地毯給掀翻了。我雙腳朝天，慢動作往後倒下，控制不了身體，我能感受到，地板逐漸靠近，我知道當我撞到地板，我就會支離破碎。

幾天後，我們做愛，那是最難堪的雙人舞，明知音樂已然停下。當我想要繼續，她卻叫我停下來，這是她第一次這樣要求。

當晚我躺著無法入眠，千頭萬緒糊成一團。我心想，如果一切都很重要，那這件事就很重要，她和我很重要，我們倆很重要；不過，如果一切都不重要，那這件事也就不重要了。

也許這當中蘊藏著智慧。如果在稱之為「人生」的這場戲中一切都不重要，那不如就此從舞台左側退場。

心裡有聲音要我回到有效的方法

昨晚，我幻想自己趁著朋友出城，闖入他的公寓，從玻璃櫃拿出手槍，組裝完畢，上膛，開保險，槍管抵著我的下巴，扣扳機，完成。

在那一刻，我會閉上眼睛，還是一直睜大眼睛？我想著這個問題想到睡不著，但想著想著又睡著了。早上，我想起我曾是什麼樣的人，神奇的是，心裡有某種聲音說：「回到有效的方法」。

我把它推開。

試著用正面的念頭來激勵自己

晚上了，我跟幾位朋友共進晚餐，我本來要取消的，因為我不想談，但最後還是去了。我很久沒見到他們，而且我愛他們。我搭乘六號列車往北行進，聽著隨機播放的勵志影片，想要用與我相反的想法扼殺掉我內心的念頭。

其中一支影片裡有個人說：「只有一個選擇，你一定要成為最優秀的你。」他有著南方牧師的口音。「把這句話寫下來，像下令那樣，一天聲明好幾遍。」

下令啊，好老套。報告，報告……本人特此聲明，我會成為最優秀的我。

光是浮現這樣的念頭就讓我不自覺的站得更挺拔。

傷痛會讓人迷失自我

「幸好，」頓失所依三天後，我對她說，「我會死，妳會死，太陽終究會燒盡，月亮會停止發光，地球會成為黯淡又無生命的岩石。」

為了效果我停頓了一下。

「幸好……到時這一切都不重要了。」

稍晚，我體悟到自己不在意一切時會是何種景況，你變得無所畏懼，不算太壞。然後，我又想起朋友的手槍，領悟到這種無所畏懼可能不是最好的。

情感傷痛的癥結在於那是真實的事，你會在那當中迷失自我。這一刻在綁鞋帶，下一刻腦海裡就有種種回憶、影像、紛亂的念頭飛逝而過，彷彿火車疾馳而過，你站在月台上，感受到一陣強風掃過，而此處的疾風有如鞭子般割劃肌膚。

「回到你的當下，」友人在晚餐上對我說，「你滿腦子想著未來，所以才會痛苦。」

那天，她談到她在我之後想跟哪種男人交往，我把她的話告訴他們。然後，我轉移話題，說著自己可能會去做什麼事，前去墨西哥或別的地方，遠離喧囂一陣子。已結婚多年的友人雪柔和麥可露出微笑。

「親愛的，一步一步慢慢來，」雪柔．理查森（Cheryl Richardson）這麼說著，她是個聰明絕頂的女人。「當你滿腦子想著未來，就把手放在心上，對自己說：『我回歸此處，我回歸此處。』」

我還沒試過這種做法，但我知道自己以後會試試看，一定要試試看。

當回憶襲來，對自己說「我回歸自我」

我試了。頓失所依一星期，我把手放在心上，感覺心跳，反覆說：「我回歸此處。」不到幾秒鐘，我改變說法，說著：「我回歸自我，我回歸自我。」

之後，沖澡時，我在水柱下閉眼，火車呼嘯而過，內心的憤怒油然而生。我把手放在心上，撲通撲通……撲通撲通……，我對自己說：「我回歸自我，我回歸自我。」

在那短暫的片刻，火車消失了。

從前的習慣將不復存在

頓失所依的第八天，她還沒搬出去。搬家並非易事，畢竟正值聖誕假期。我沖完澡穿上衣服後，把慕絲遞給她，問：「幫一下好嗎？」我們平常習慣這麼做，她會溫柔地把慕絲泡沫揉進我的髮絲做造型，我會閉眼微笑，感受到自己被深深愛著。

她接了慕絲罐做造型，我望進她的雙眼，心想，我要面對，我不會逃跑。我凝視著她，當她弄完後，溫柔地吻了我。

明天，我要去剪頭髮，因為第二天要飛到舊金山見家人，其實根本不需要這個。我突然想到，我們平常習慣一起做的這件事，今天有可能是最後一次了。

靠不斷練習來精進人生

我的朋友詹姆斯打電話來，說他晚上電話鈴聲會一直開著。「我從來沒有這樣做過，」他說，「我希望你知道，是為了你才開著。」從我認識他以來，眼見他經歷一次次的心碎，但他往往是越跌越勇，令人敬佩。每次分手，他都會天天努力練習，最後他的人生變得比從前更好了。

他每天做的練習涵蓋生理、心理、情緒、心靈層面。我也要這麼做，我看見這種做法為他帶來奇蹟。

在生理層面，我每兩天健身一次，吃得健康、不喝酒，畢竟酒會讓人消沉。

在心理層面，要每天寫作，利用內心的痛苦和能量進行創作。此外，在工作上，每天要把拖得最久的事情給做完，這樣就得以往前邁進。

在情緒層面，每天至少跟一個人共享美好時光，這樣做就不會困在自己的思緒當中。

在心靈層面，一旦發現自己困在思緒當中，旋轉墜落，此時就要把手放在心上，回歸到自我。

夜裡躺在床上，我對她說：「妳現在很幸運。」

「怎麼說？」

那是一句很短的嘀咕，我不想說出口，卻還是說了。

「因為像這樣的晚上，妳只剩下一個晚上了。」

「不要這樣說。」她說。

「不要這樣做。」我說。

她沉默不語。我躺在黑暗中，腦袋轉個不停，我把手放在心上，輕聲對自己說：「我回歸自我，我回歸自我，我回歸自我……」

想改變就要努力付出

我搭機的前一天，她已經找到地方，會趁我在舊金山的期間搬出去。我起床就希望這天不存在，希望能把這天給抹去。

她出門後，我打電話給雪柔。

「雪柔，我需要妳點醒我。」我說。

一年多前，雪柔上過歐普拉的電視節目，光是「聰明」二字不足以形容她，她看穿問題核心的能力無與倫比，而我迫切需要她的能力。

「心碎會觸發舊有的遺棄感，」她說，「是內心的小孩在經歷心碎，我們全都會這樣，而且小孩嚇壞了。小時候，家長就是一切，遺棄感等同於死亡。」

她的話讓我停了下來，我覺得受苦的人是我，才不是那個被遺忘的小孩。不過，她說的話卻引起我的共鳴，就算只有一小部分也算。

「你內心的小孩要知道你是可以信任的，要知道你是懂他的，這就是你一定要做的事情。每次痛苦難當，每次對未來產生戲劇化的念頭，就要回歸到內心，要把手放在心上，告訴它：『我懂你。』這樣就行了。」

我掛了電話就開始做：「我懂你，你可以信任我，我懂你，我懂你。」

我去健身房，在那裡看見有個男人努力健身，我對他說：「佩服。」

我們打過幾次照面，但從來沒聊過天。他走了過來，咧嘴而笑，拿出手機，畫面移到健身房的網站。

「看一下，」他說，「這是我。」

他是當月的精選會員，左邊的照片是個身材走樣的傢伙，右邊的照片是現在全身肌肉的他。

「佩服。」我又說了一遍。

「要改變，就要努力付出。」他說。

我呆呆的盯著他看。「能不能再說一遍？」

「要改變，就要努力付出。」

「本週佳句啊，」我對他說，「本週佳句。」

我稍早跟雪柔談，她說：「你是這個世界上心地最善良的一個。」

這句話我接受了，但要怎麼樣我才會相信這句話？要上帝打開天堂，往下砸到我的眼前嗎？還是要等到臨終才頓時領悟？

要重生，必先死去。而這肯定感覺像是死亡。你完了，而且也不在意那些我尊敬的人在我身上看見的。

「保護你的心，」她說，「心需要的，就給。」

我會的，不遺餘力，我會的。

面對問題才能解決問題

心碎的問題就是心碎好像沒有結束的一天，情緒、回憶、揣測把你推落到谷底，而正當你疲憊不堪之際，又有一道浪打在身上，就這樣沒完沒了。

她出外辦完雜事就回來了，還抱了我。

「親愛的。」我說，我們總是這樣稱呼彼此。

她往後退，微笑不語。夠了，撕下OK繃會很痛，但我一定要做。

我跟她說，雪柔說我心地善良，然後我說：「我要救救這顆心，我不曉得方法，也不知道自己做不做得到，但我要救它才行。」

她點頭。我知道她愛我，但她心意已決。

「我要出門，」我說，我五點要剪頭髮，「我六點會回來，希望到時候妳已經離開，希望我回來的時候妳不會在這裡，因為我回來的時候，我需要感受、寫作，我會收拾自己的心情，面對心碎。」

她的臉色變了。

「我明天會坐飛機離開，那時妳可以回來，把妳的東西都搬出去，不要留給我任何東西，便條、禮物什麼的，都不要留下來。」

我看得出來，她沒料到會這樣。

「我知道妳會學到哪些功課，」我說，「我也很清楚，還有一些功課是妳不想學卻還是會學到的，但那是妳的事，救我的心，才是我要負的責任。」

我站得很近，深深望進她的雙眼。

「妳原本一輩子都會有我陪在妳身邊，妳不曉得什麼是愛。」然後，我忍不住了。「如果妳覺得這顆心是妳想要的，那就伸出手來。」

我們倆的眼睛眨也不眨。

「最後，」我說，「我對妳的要求就只有一點，要戴安全帽。」

她很愛在城裡騎腳踏車，我總是嘮叨她要戴安全帽。我還是深愛著她。對我而言，什麼都沒變，只有一件事變了——我要救我自己。

我拿起夾克，走了出去，沒有回頭。我走樓梯，沒等電梯。樓梯是直接通往地下室的，我必須爬上三樓，從那裡搭電梯往下，我覺得這樣有點笨，但我不在乎。

我走了出去，走進夜色裡，直直向前走去，好一陣子沒這樣了。

相信別人對自己的稱讚

「你是很棒的人。」雪柔曾經對我這樣說。我非常敬佩的人竟然是這樣看我的，我詫異不已，並希望自己由衷相信她的話。

我決定製作一份清單，把我收到的每一句誠摯的讚美都收錄進去，然後把讚美當成真理，反覆對自己說。讚美是別人送我的禮物，如果別人是這樣看我，我憑什麼不去那樣看自己？

於是我開始列清單：

1. 我是很棒的人。
2. 在這世上，我是心地最善良的一個。

找到效法的對象與目標，加速成長

晚上六點十六分，我回來了。在電梯裡，我發覺自己希望她還在。無論是基於什麼理由，就算是為了用更好的方式道別也好。不過，我走向家門，希望破滅，我很清楚。

我把門打開，住處一片漆黑，她在窗邊留了一根點燃的蠟燭。假如不是這種情況，我原本會享受這樣的氣氛情調。我衝了進去，吹熄蠟燭，對著天花板尖叫，我的每一個部分都想爆炸。

然後，我躺在沙發上，恍惚的盯著牆壁看，最後不知不覺睡著了。我醒來以後，換掉手機的背景圖片，原本是她的相片，相片中的她凝視著相機，臉龐微傾，露出微笑。

我換成蓮花在早晨陽光下綻放的相片。

然後，我漫不經心瀏覽推特，最後停在巨石強森（Dwayne Johnson）張貼的相片上，那是其中一張蹩腳的清晨健身照，他全身是汗，齜牙咧嘴，全力做著背槓深蹲。

這個男人二十歲出頭時被加拿大足球聯盟裁掉，進入美國國家美式足球聯盟的夢想也就此破碎。他搭乘父親的貨卡，踏上漫長的回家路，途中翻了翻皮夾，只有七美元。

他在爸媽家無所事事待了兩週，自憐自艾。然後，他覺得夠了，應該要徹底改造自己才行。

他加入職業摔角，從零開始，竭盡全力，結果成為有史以來最成功的職業摔角手之一。名聲最盛時，他離開職業摔角界，成為演員。

他每回徹底改造自己，都是採用同一套劇本：專心投入，全力以赴。他最初拍的幾齣電影都失敗了，他也被放棄，但他還是一直忠於自己的願景。

如今，他已是賣座片的電影明星。他拍的電影不斷打破世界各地的紀錄，他開的電影工作室叫做「七塊錢製片公司」（Seven Bucks Productions）。

我瀏覽他的推文，有他跟影迷的合照、他在拍攝現場的相片、他健身的相片，而相片中的他千篇一律咧著嘴笑。他關愛妻子和女兒，敬業精神也是出了名的。他曾經遭逢困境，卻總是能振作起來。

我讀到他講的一句話：「我答應你做的事，就一定會做到。」

他的承諾顯然不僅用在別人身上，也用在自己身上。他力行的「卓越」實在少有人能及。

我學到了，要快速成長，就要找出你敬佩的人，找出對方啟發你的地方，並且仿效。我要仿效卓越的表現，那是我從中體會到且想達到的目標。

「要表現卓越。」我對自己說著，我的聲音在黑暗的公寓裡顯得空洞不已。此時此刻，那目標彷彿遙不可及。不過，最起碼有了個東西，可以努力去爭取。

勉強只會讓人生活得不自在

在機場，就要放下托運行李時，我動也不動。我不想走，我內在有個聲音在懇求，我不想走，我不想走，像小孩子那樣，嚇壞了，不停懇求。我周遭的乘客和機組人員忙著趕搭飛機，忙著過日子，忙著跳自己的舞。一切都不重要。

可是，要怎麼做呢？跑回家求她留下來嗎？這種做法在人類史上哪次有好結局了？此外，我不希望她因為愧疚或求情就跟我在一起，我希望她是發自內心想跟我在一起。如果她想要的是自由而我愛她，就讓她自由吧。

活到這年紀也已明白，試圖迫使人生穿過由渴望構成的針孔，那麼人生就會活得不自在。就讓自己遠離這種處境吧，無論是因為我沒有選擇的餘地，還是純粹因為我必須拯救自己，隨便什麼理由都好。

我托運行李，然後坐在登機門附近，等待登機。

此時此刻，我隻身一人在人潮擁擠的機場，再次想起了以前的自己，想起了我感受到的奇蹟，想起了當初弄懂人生運作方式時產生的踏實感。然而，我卻在這裡，難過得要命，沒有實踐我所寫的文字。我跌得如此之重，不由得厭惡起自己。

逃避不是最好的解決方式

我差點錯過班機，原來登機門改了，廣播的時候，我恍神了。等到我狐疑著怎麼沒人登機，飛機都快要起飛。

我查看出境螢幕畫面，連忙走向新的登機門，但我沒有跑，有一部分的我覺得錯過班機也無所謂，就交給老天安排吧。

沒那麼走運，我及時抵達，登機，飛機還沒起飛，我就昏睡過去。醒來的時候，機翼正掠過雲朵，下方遙遠的陸地覆蓋著白雪。我再度昏睡一會兒，被全世界嗓門最大的嬰兒給吵醒，笑聲，哭聲，尖叫聲。我再也無法入睡了。

我想念她，我知道我可以逃開，投入另一個人的懷抱，或十個人的懷抱，但那樣行不通，我們的情況就是如此。她結束婚姻，而我是下一站。

「在統計上，」詹姆斯見到我就說，「情況對你不利。」

我又不笨，很清楚這種事，不過，統計數據什麼時候能影響人心了？

我深深愛上了她，而她深深愛上了我。我們當了兩年的好友，然後交往將近一年。她對我說：「你是我的最愛，我給的愛，你可以信任，我希望你放心沉浸在我的愛裡。」那還是我出發前的事，等我回到家那天，卻變成頓失依靠。

後來，她承認，也許當初只是因為我帶給她的安全感。

我向外凝視著遼闊的天空，對於情況驟然巨變還是驚愕不已。那嬰兒笑了又笑。

我逃往廁所。我洗著手，盯著鏡中的自己看，深深望進雙眼。下一刻我就對自己輕聲低語：「我愛我自己，我愛我自己，我愛我自己。」

我反覆念著，直到這句話占滿我的心。

不能讓自己落入負面的念頭中

等我回到座位上，內心已稍微平靜下來。

我想起朋友的手槍，有那麼多的方法可以從舞台左側退場，人生可以立刻解脫。機長宣告飛機即將降落，在那一刻，我下定決心，一有機會就要這樣反覆實施照鏡法。

飛機即將著陸，來不及回去廁所那裡，那就把手放在心上，向下望著北加州褐色的冬季丘陵，對自己說：「我愛我自己，我愛我自己，我愛我自己……」

難過時回到當下，把愛送給自己

降落後，我搭乘優步（Uber）。車子在舊金山迂迴行進，感覺很陌生。這裡曾經是家，是回憶，今天則像是初次造訪的地方。

我打電話給她，她接起電話，我把內心的感受告訴她，說我全心全意愛她，說我想要她，想要跟她在這裡共度美好生活。她在哭，她說她覺得這樣很辛苦，也覺得我這樣會很辛苦。

我沒有回應。我痛苦只是讓她更痛苦而已。我只是不斷反覆說著她對我有多重要，我想跟她在一起。不是在懇求，只是說出事實。

「對不起，」她說，「可是我一定要這樣做。」

既然她都這麼說了，就沒什麼好爭的了，我也不會勸她留下來。我希望她是發自內心來到我身邊，而她也很清楚這點。

「你要好好照顧自己。」她說。

掛掉電話後，我茫然望向舊金山灣，優步把我載到我落腳的公寓。公寓裡大部分都是空的，房客前陣子才搬走，留下的盆栽死了，符合我現在的感受。

要是試著去搞懂她的理由，就會感到痛苦；想著她將來會在哪裡，也會感到痛苦；想著以前跟她曾一起去過哪裡，還是痛苦；想到沒有她的日子，不用說，只有更多的痛苦。

不管是將來還是過去，都等同於痛苦。那麼就該回到現在，把愛送給自己，抓住每個機會去愛自己。

我站在窗邊，往外凝視那座惡名昭彰的鐵鏽色大橋，我把手放在心上，急著以我所知道的方法，努力去愛自己。我把同樣的話對自己反覆說了又說。

隱藏情感，怕別人察覺到自己的脆弱

我沖澡，準備出席弟弟的生日派對，這是我到舊金山的原因。我本來不打算出席，因為上一趟的長途旅行讓我累壞了，但她要搬出去，我離開她才會有空間，我也不會因為看見她搬家而崩潰。

大家都在這裡，我母親只要站在我和弟弟身邊，就得意得眉開眼笑。她的好孩子啊。

「媽，看看這個地方。」我一邊說，一邊用手臂環抱住她。我住過的房子當中，這裡算是數一數二的好地方。我還記得小時候，我們流落街頭，無處可去。

「媽，這一切都要謝謝你。」我說。

沒等她開口回應，我親了她的頭後就走開了。要是待在一起更久，她會察覺到我的痛苦，探問一番，我不想讓她擔心。有時，我覺得母親會比孩子本人更敏銳感受到孩子的痛苦。

當晚其餘時間，只要有人問起我女友人在哪裡，我就開始閃躲。我只對少數幾個人說出我和她之間的事，但不會聊得更深。我態度堅定，一臉認真。

可是在一個人的面前，我就是做不到，那個人是安妮拉・葛瑞戈利（Aniela Gregorek）。她和她丈夫耶日結縭四十多年，兩人一起逃離被共產主義控制的波蘭。夫妻倆都是奧運舉重教練，客戶都是名人。而且兩人都寫詩，風格清晰真摯，畢竟他們曾在那裡經歷壓迫，奮力求存。

「我看到你的眼神充滿悲傷。」她說。

我差點情緒潰堤，但還是忍住了。這裡是慶生派對，不是同情派對。我跟她說了情況，她露出淡淡的微笑，把她的手放在我的心上。

「那是你的天賦，」她說，「你把心打開了。」

我用盡全力不在大家面前崩潰。

「很辛苦，」我說，「痛苦得要命。」

她把我拉近，抱著我很長一段時間。結束擁抱後，她眼眶含淚。

「還在寫作嗎？」她問。

我點頭，是的。

「很好。把這些化為文字，」她說，「可以幫助別人。」

從不一樣的角度看人生，美好就在身邊

派對氣氛平靜下來，我跟塔布里茲聊天，他很親切，我之前見過他。他對我說，他從其他領導者身上學到應該以何種角度看待人生。

第一種角度是「**人生發生在我的身上**」。這是大家一般會採取的角度，把自己當成受害者的人尤其會這樣。

第二種角度是「**人生為了我而發生**」。這種角度把一切翻轉過來，你會去尋找人生帶給來的美好和功課。

第三種角度是「**人生經由我而發生**」。你會依隨著人生，甚至不用去尋找人生帶來的美好，因為你正在體驗人生的美好。

這男人不知從何而來，突然把綁著光亮蝴蝶結的禮物遞給我。我甚至沒開口要禮物，畢竟我不曉得自己需要什麼，但我就是拿到禮物了。

那是一張地圖，A 點到 B 點到 C 點，指引如何從受害者走到奇蹟那裡。而我要做的就是改變想法。

看似乾枯的生命，其實還有生機

翌日早晨，我醒來，凝視窗外風光。一艘油輪懶洋洋穿越舊金山灣，藍色的天空，處處皆是飛鳥，橋很美。

我發現當初以為死掉的盆栽可能沒死，只是乾枯罷了，自然界會奮力求生。於是我拿起杯子，替它澆水。只要我人在這裡，就要把愛賜給它們。

短暫的停滯，是為了累積重啟的力量

我必須信守每隔一天就要健身的誓言。於是我打電話詢問當地的幾間健身房，其中一間願意賣給我一張假日用的臨時卡，於是我親自跑了一趟。

健身房的員工艾力克斯一邊幫我辦會員卡，一邊試著跟我閒聊：「你想不想加入特別會籍？」「沒興趣。」「專門的私人訓練？」「沒興趣。」

「我只是想要把重的東西給舉起來。」我對他說。

他想帶我參觀課堂和教室。

「只要能舉起重的東西就行了，」我說，「我只想看這個。」

他帶我參觀的行程是他這輩子帶過的行程當中最短的。我查看深蹲架，確定啞鈴舉起的高度夠高，這樣就夠了。我報名了。

我健身，但方式有些不同，這要多謝安妮拉的指點。昨晚，我向她提及目前經常做的組合動作，她建議我把各組動作間的等待時間拉長。

「不需要大量休息的話，就表示做得不夠努力。」

我習慣的休息時間不到一分鐘，超過一分鐘我就會覺得無聊。我去健身房不是去閒坐，我想要舉重，想要推自己一把。

「那是耐力，」她說，「再更用力推舉，休息更長時間，各組動作間隔三分鐘。身體需要重啟才能再次用力推舉，這就是力量。」

最後的幾句話吸引了我的注意力。「我會試試看。」

於是我試了，效果很棒，我推舉的重量更重，姿勢更好，等到做完了，身體的感覺也跟從前不一樣了，我感受到肌肉受到衝擊後的震顫。

有時，意識到自己不是只在神遊空想也很好。你擁有實質的身體，而要做到這一點，就要去逼迫身體，就算只是花一些時間健身，卻能讓你不再被那些念頭纏著不放。

我走了出來，下雨了，一個個傘花都開了。我抬起頭，望向天空，感受雨水落在臉龐。

以宏觀的角度看待生命，將不再執著於過往的傷痛

我一直想著死亡，沒什麼奇怪的。死亡的特點就在於其終結的性質，利刃劃開人生，把逝者給切去，無法跟逝者講話，過錯無從彌補，沒說出口的話也說不了了，逝者已離去，就這樣。

前一陣子，我每天早上都會試著靜觀自身的死亡。我讀到日本武士就是這麼做的，這樣在戰場上就能無所畏懼。我照做了一陣子，但日益懶散，最後就沒再做了。我沒有戰場要趕赴，我的日子太過安逸。

然而，夜裡，我坐在空蕩的公寓中，體悟到安逸其實是一種錯覺，是自己創造出來的巨大錯覺。只有一件事是真實的，那就是死亡，死神站在我的面前，只有一步之遙。

我活著的每一刻，都是在往前跨一步，死神微笑，往後退一步；我往前一步，死神往後一步；我前進，死神後退；我前進，死神後退。一步，一步，一步。然後，我前進，死亡沒有移動，我是祂的了。

我凝視窗外明月，今晚的月亮很圓，照亮海灣。假若心臟此刻停止，身體倒下，即將失去氣息，視野縮成針孔，那我還會記得頓失所依的那天嗎？會記得那天有多痛嗎？還是說，我會伸手抓月，想著月色有多美嗎？

挺過壓力，就會變強

我在城裡四處漫步，碰巧經過一處冷療的地方。我一直想做卻從沒做過，於是我走了進去。下一刻我就只穿內褲，站在圓柱形的管子裡，管內充滿著液態氮冷卻的空氣。

「覺得怎麼樣？」店員在我走出時如此問道。

「不錯，」我說。只有三分鐘而已。「不過，我的胃有點痛。」

「那是因為身體把血液都集中到器官裡，努力存活下來。」

你對身體施壓，身體就會有所回應，首先會進入生存模式，血液會流向重要器官。不過，壓力過了以後，身體就會適應。身體別無選擇，構造就是如此。在健身房裡舉重堪稱絕佳的例子，肌肉做出的回應就是變得更強壯。人的心智或許也是同樣道理。

心智處於生存模式，等心智適應以後就會變得更堅強，而我會變得更好，只是我要堅持不懈才行，無論冒出哪些念頭，無論她搬出去以後，我要何去何從，無論怎麼樣，都要堅持不懈去做，只是要把那該死的重物給舉起來。

不去想「假如」，只專注「現在」

多霧的舊金山早晨，耶誕節的前一天，街頭近乎空無一人。我一直想著那些「假如」，假如我一直是這樣，或那樣呢？假如我做了這個或那個呢？假如在頓失所依的那天，我變得很堅強呢？假如這樣、那樣該怎麼辦呢？

我看著細雨間一名孤獨的跑者，體悟到那是一種毒，那裡沒有所謂的現實，現實是「現在這樣」。

現在這樣就是現在發生的情況，對此我什麼也沒辦法做，情況已是過去，而過去已逝，已結束。就只有一個問題要問，我今天要成為怎樣的人？就這樣。

透過深呼吸，感受愛自己

大雨滂沱，我的目光穿越客廳的窗戶，落在雨水之間。舊金山的林木在冬季依舊長青，我的思緒一團混亂，我還記得那張地圖，從「人生發生在我的身上」到「人生經由我而發生」。一定要改變想法才行。

我養成習慣，做十次呼吸法來愛自己。每次思緒困在過去或未來，或擔憂著「假如」的情況，我就會做十次徹底的深呼吸，每次吸氣就對自己說：「我愛我自己。」我一有機會就讓自己去感受愛自己的感覺，就這樣。

不過……

如果心思斷斷續續，回到一團混亂的狀態，就重置計數器，重新開始。就算要做一百次才能不間斷做完十次深呼吸，還是要去做，每一次都要如此。

我對自己說「我要追求卓越」。這是白天要做的練習，很困難，但我還是做了。可是，到了晚上，卻向下沉淪。

痛苦到了夜裡總是最強烈。我們快樂過，彼此也愛過，怎麼會發生這種事？我努力切換到愛自己的狀態，卻很難辦到。在胸膛裡，痛苦如此確切真實。

於是我任由它去。我對痛苦說：「你想來就來，我會面對你。」痛苦確實來了，攪拌著我，把我擰乾；痛苦過去了，而我還在原地，然後做十次呼吸法。

人生永遠都還有選擇

沒錯，頓失依靠的事發生了。沒錯，我飛回來了，地板迎面而來，我知道自己撞到地板就會支離破碎。不過，我還沒撞到。

我不必繼續墜落，我沒有必要支離破碎，那是一種選擇。

記得，你的力量比假象還要強大。

浴火重生

我閉上雙眼，感受火焰吞噬自身，把不是自己的部分盡數燒光。

對所有發生的事都試著說「好」

我曾經問過某位僧侶，他是怎麼找到平靜的。

「我說『好』，」他說，「對於所有發生的事情，我都說『好』。」

我心裡最不想做的事情就是說「好」，思緒困在「假如」當中，想著原本應該要做卻沒做的事，回想過去的情況，有時重演著更堅強的自己，有時表現出自己很可憐。

我的內心對著人生大喊：「不行。」

可是我需要說出「好」，無論面對的是什麼，全部都要說好，我要是想擁有力量，就沒別的選擇，否則就會一直扮演受害者的角色。

只有自己能救自己

耶誕節下午，她打電話給我。

「我剛才看到你的訊息。」她說。

她說的訊息是我今天早上傳的訊息。

「親愛的，這很辛苦，」我如此寫道，「真的真的很辛苦。」

「我看到你的訊息，」她又說了一遍，「我很難過。」

「不是故意的，」我說，「一時脆弱。」

「你有沒有好好照顧自己？」

「我做自己，」我說，「我寫作，運動，凝視天空，思考。」

短暫聊了一下，然後她說：「有一部分的我想要花時間愛你，但還是覺得這樣才對，我需要時間、空間。」

「那我支持妳的決定，」我說，「我愛妳，所以才能夠只把妳需要的給妳。」

我明白這對她而言也同樣辛苦，沒必要說她壞話，這樣對我們倆都沒好處。我不願讓這份愛變得廉價，我只是在做自己。與此同時，如果她沒能力愛我、救我，那我要救自己才行，我會愛我自己。

關注自身擁有的

你決定為自己而活，你是怎麼辦到的？

你下定決心，不再是秋風裡不停轉動的一片葉子。事情發生的背後是有模式的，有著比你還要宏大的事物。不管你有沒有證據都無關緊要，你下了決定，情況就是如此。

然後，如果你沒有深陷在思緒當中，請找出哪種方法有用，思考自己擁有什麼，應該為了什麼事而心懷感激，事情是大是小都無關緊要，有了這個舉動，你原本關注自身失去的，如今會轉而關注自己擁有的、獲得的。

所以，我要這麼做，要列出我擁有的一切。手機上有這麼多愛你的人送來耶誕節的問候。然後，列出我獲得的一切。我專注在自己的身心上，已經有好長一段時間沒這麼做了。見鬼了，好一段日子沒胃口，腹肌的狀態卻是近年來最佳的。

突然間，我笑了出來。我抱怨了好幾個月，說要閉關寫作才行，只是不曉得該去哪裡閉關，該寫什麼主題。嗯，問題解決了。

還是有好事發生。我不確定情況會變得如何，所以才覺得困難，而此時要信任人生才行。只要舉起重物就行了。

我覺得好過一點了，我走向濱海綠地，健身房今天沒開，但我需要活動一下筋骨，所以進行了短跑。我好幾年沒短跑了，跑得很費力，幾位跑者暫時停下，看著我氣喘吁吁跑過。

跑完後快喘不過氣的我凝視著橋上的落日，最後吐出了心裡頭冒出的一句話：「謝謝你。」

我對著比自己宏大的事物，反覆說著：「謝謝你，謝謝你，謝謝你。」

珍惜活著的每一天

早上很辛苦，一醒來就要面對冰冷無情的現實，心思立刻跳到了「假如」那裡，於是做了十次深呼吸，做的時候還帶著絕望感。

哺乳動物呼吸時，吸入了可帶來生命力的氧氣，釋出了有毒的二氧化碳，我也是做著同樣的事情。每次吸氣，我對自己說：「我愛我自己。」每次吐氣，我把裡頭的東西都釋放出來。

我開始想像著，每次吸氣，頭頂的光線就會流進體內。

死神依舊在我的心頭揮之不去，祂就在那裡，用那根乾瘦的手指召喚著你。我隨著每次呼吸，一步步往前進，而祂往後退。可以肯定的是，遲早某次的呼吸會是你最後的氣息。

今天早上，我向外凝視著海灣，希望那會是愛的氣息。

轉換視角，不再是受害者的角色

受害者的特徵就是只關注自己。「這件事發生在我的身上。」「她那樣對我。」諸如此類的話語。

那她呢？每個人各有已知的、未知的理由和痛苦。這件事也剛好發生在她的身上。我在她面前表現的模樣等同於我對她做的事，我在自己面前表現的模樣等同於我對自己做的事。

要防止這種情況，就要靠自己了。別人的想法和行動是我無法控制和負責的，唯有我的想法和行動才是我能控制和負責的，所以自己先改變吧。我有地圖在手。

不要覺得事情是發生在自己身上，而是要認為自己剛好碰到事情。

選擇我要成為怎樣的人，選擇成為力量的源頭，選擇愛自己愛得真摯且深刻。然後，剛好碰到事情，看看會有何結果。

靜觀能讓心神專注

我開始靜觀。已經一年多沒認真做了，我播放讓我覺得美好的音樂。每次呼吸都感受到頭頂上的光流進體內，我對自己說：「我愛我自己。」然後，我把需要釋放的東西給呼出來，排出內心想法當中所有的二氧化碳。

思緒當然會四處遊蕩，但音樂會化為船錨，巧妙地讓我想起自己在做的事，而音樂逐漸步入尾聲，我就會知道時間快沒了。這樣我的腦袋就會自然而然放鬆下來，我的腦袋也迫切需要這樣的平靜。

這種靜觀法最能讓我心神專注。這是我採取的特殊方法，只為了我自己而採取的方法。

選擇成為拯救自己的英雄

我爸打我媽，我努力阻止他，他卻攻擊我，打得我滿臉是血，我媽求他住手。我們離開他之後，我被性騷擾、在學校被霸凌，經驗多到可以寫一本霸凌教科書。

這些會讓我變成受害者嗎？也許吧。

但我不再是小孩子，成年人只有兩種選擇，要麼成為受害者，要麼成為英雄。很久以前，我選擇成為英雄。我鍛鍊體魄，學習戰鬥技能，童年把我塑造成今日這般堅強、關愛、忠誠的男人，使我具備敏感度與深度，寫出好幾本書。

男孩存活下來，變成今日這個男人，我對此引以為榮。他接受以前發生的事情，從中造就出美好來。在那則故事裡，他成了英雄。

現在該要挺身而出、再次選擇了，在這則故事裡，也成為英雄吧。

善用情緒，而不是被情緒左右

如果有某個人或某種關係從你的人生離開，那並不會改變你的真實本貌。只有你最懂你自己。如果你對自己感到不滿，那就好好利用這股情緒，把每一根纖維都擰乾。事情再也不是發生在你的身上，是你剛好碰到事情。

化為浴火鳳凰吧，全力以赴，成為卓越的人！

或者，想想我最近開始問自己的問題：「巨石強森會怎麼做？」

恐懼只是幻想出的假象

十次呼吸法做起來越來越自然了，我發現自己感覺好多了。只要經過鏡子，無論是在浴室還是健身房，我都會直接朝鏡子走去，望進雙眼，感受那份對自己的愛。我甚至站得更為挺直，頭抬得高高的。

不過，並不是一直都是這樣。「假如」的句子反覆浮現在腦海裡，那些句子不斷冒出來，引得我惶惶不安，揣測著她沒有我會是如何。那些句子對我說，我不夠好。

那些句子全都是恐懼，是我幻想的蛇，懸掛在天花板上。

我對自己說，這些對我沒有用，不是真的。唯一真實的東西就是現在的情況，而現在的情況就是我全力以赴變得卓越。無論她去至何處，她都會錯過那個卓越的我。最起碼我的幽默感開始回來了。

然而，就算可以預見我將持續好轉，但前方還是有個絆腳石——一旦情況順利，我就會自在起來，隨波逐流。我這輩子好多次都是如此。

但這次不行，卓越之人不會隨波逐流。

我最大的強項就是相信立誓的力量。我這輩子達成的每一件事，都是源自於誓言。我必須在此運用誓言的力量。

如果我愛我自己，我會怎麼做？

某位朋友傳訊息給我，邀我一月來一趟男人之旅。我很清楚那個邀約的含意，無非是派對和女人，於是我問自己：「如果我愛我自己，我會怎麼做？」

答案很明顯，干擾會使空虛茁壯，而我的心需要療癒，所以我回絕了。

這個問題會在靜觀時再度出現。

重點在於「如果」二字。在我不太愛自己之時，最適合拿「如果」的問題問自己。如果我愛我自己，心中還是有答案的。

就是這麼簡單、這麼有效，最好的東西都是如此。

不再任由自己隨波逐流

心裡浮現一個念頭：「我需要這個。」

我漫無目的的過了好長一段時間，不逼迫自己，任由自己隨波逐流。再也不會了。我好像被一巴掌打醒，感受到前所未有的強烈和真實。每一天都全神貫注去愛自己，成為卓越之人。

思慮短暫，但還是覺得好極了。

念頭的選擇權掌握在自己手中

人的心智一次只能保有一個念頭。每次我帶著情緒，反覆想著某個念頭，就是在強化那個念頭，它重返的機率也隨之增加。由此可知，我將來的念頭和情緒全都掌握在我的手上。

而此時此刻，我是在替它們鋪好軌道。

我傾著臉，面向太陽，閉上雙眼，感覺到光驅走了黑暗。我一直對自己說：「我愛我自己，我愛我自己，我愛我自己。」

為什麼是光呢？因為光就是生命，隨便問哪種植物都會得到同樣的答案。

就連在夜裡，在靜觀時，我都感受到光的存在。我想像著頭頂上的繁星和星系向下流進我、穿過我。光一直都在，更是愛自己的核心部分。

我名字的意思是蓮花：出汙泥而不染，迎光綻放。傳說，神憩於花瓣間。

光開啟了我、療癒了我、釋放了我，我只要接受光就行了。

掌控思緒，不任其肆虐

早晨，鬧鐘響起，我從夢中醒來，頭已經開始痛了，同樣想著「假如」的問題，於是我做十次呼吸法，緩慢又深沉。我沒任由思緒肆虐，而是對其施加意志力。我掌管一切，鋪好軌道，加深凹槽。這是我內心的卓越。

接著，我拿起咖啡，靜觀。靜觀最能讓我開放心胸，領受光。等到音樂結束，我的內心也安定下來。

其餘時間一點一滴過去，我以前所未有的能量投入寫作，去健身房或短跑時，也都全力以赴，而且中間會休息更久，我覺得這樣做好像是大自然的動物。腦袋去哪，身體就會跟著去哪，反之亦然。這就是解決辦法。

打破自尊，接受幫助

有個數月沒聯絡的朋友突然傳訊息給我。

「你身體怎麼樣？」

假如是半年前，我會概要說出自己正在治療因腦震盪導致的虛弱和疼痛，然後再度出現頭痛。也不多說，我的自尊不讓人往更深處探究。

不過，若說有什麼東西該打破的話，那應該也是自尊了。自尊不讓我展現真實面貌，不讓我接受人生提供的幫助。我打給他並告訴他一切。

「說來奇怪，」他在我講完以後說，「今天早上，我想到你可以用什麼方法解決，所以才傳訊息。」

他是大幅改善人們健康的導師。我開始看見隧道盡頭有光。

「我會幫你，」他說，「我們蒐集所有檢驗結果，擬定計畫，一週一週去做。幸好我知道你是會確實執行的人。」

他知道我相信立誓的力量。我一旦投入了，就會全副投入。在感情關係，這是強項也是弱點，我痛苦地學到了。對方應該贏得我的忠貞才是，不該因為我給了愛就接受。不過，忘了她的感情，忘了她。她救不了我，只有我才能救自己。

擺脫憤怒的控制

我生氣嗎？我當然氣了，氣她，氣發生的事，氣自己，氣人生。「為什麼你就是不讓我幸福？」我在腦海裡懇求著人生。「為什麼我們還在一起的時候，你就是不讓我這樣成長？」或者，去問我心頭上最盤據不去的那個問題：「怎麼會發生這種事？」

人生沒有回答，也許就算回答了，但因為我喊得太大聲，而沒聽進去。

憤怒只會毀掉我，所以感受到憤怒或失望之時（一整天總有好幾次這樣），就要做十次呼吸法。

此外，我不能任由這類感覺貶損自我。我很真誠又關愛他人，我就是這樣的人，而這當中蘊含著力量。

無論如何，我都不會去合理化，讓我對她的愛變得廉價。愛就是愛。就算對方帶來傷害，堅強的你還是會持續愛著對方。這不是脆弱。

只要憤怒或痛苦如海浪般襲來，我就任由它潑濺自己，等它過了，我還是挺直的站在原地，做自己。然後，我會轉向光。

活出自己的人生觀

我去見耶日，他訓練我。這是下一個階段——奧運舉重。在這種情況下，增強力量是你在最短時間內能做出的最大努力。上膊和抓舉需要使盡全身的力量，這類增強力量的動作會改變身體，我能感覺到內部系統被喚醒了。

人的心智或許也是同樣道理。我可以用幾個月的時間，把愛自己向外拓展出去。這裡做一點，那裡做一點，或者只在我想做的時候、只在我有力氣的時候去做。不過，那樣只能算是增加耐力。誰想要只是忍受人生呢？

此外，那樣也無法帶來我感受到的進展，我也發自內心知道，「投入其中，全力以赴」

的做法可以應用在身心兩方面。

「我會把我的人生觀告訴你，」耶日說，「兩個字，精進。」

這跟我所處的現況產生共鳴。

「如果你想要知道對方的人生觀，」他說，「只要看看對方的人生就行了。我們全都是在活出自己的人生觀，我們的人生就是結果。」

放下對過往的執著

如果我能漂浮在地球上方，看著歷史展開，人類從古到今所有戲劇性的事件都在眼前飛逝，接著聚焦到我身上，看到自己痛苦的坐在那裡，我會說什麼呢？

我會不會說：「你先走，去別的地方受苦。」應該不會吧。

我會溫柔的對待自己，以深切的愛，望進自己的雙眼，說：「沒關係，放下吧。願她安好，祝福她，然後就放下吧。沉浸在光裡頭，信任人生。」

展現卓越的自己

耶日和安妮拉逃離波蘭，在紐約市落腳，當時他們幾乎身無分文。第一天，兩人的行李就被偷了，但還是有更重要的事要做——一定要找到健身房訓練身體才行。兩人去了救世軍（Salvation Army）*，找到可以穿的衣物，但耶日唯一合腳的運動鞋是亮粉紅色。

「才一美元，」他一邊說，一邊笑了出來。「我別無選擇，一定要買。」

在健身房，舉重架有兩個高大的男人在使用，那兩個人正在舉很重的重量，但姿勢都錯了，駝著背，舉得很吃力。

耶日覺得自己應該可以幫上忙，就走了過去，對他們說「要調整姿勢才行。」他們看向他，視線往下，看到他腳上那雙亮粉紅色的運動鞋，不由得笑了出來。

「至於要怎麼做呢，」他說，「有時不能用說的，一定要做出來才行。」

他抓槓做了三次完美的抓舉動作，而且是他們沒舉好的那個重量。之後，每次他們看見耶日，就把他當成最好的朋友。

第一個教訓：「永遠不要看鞋子來評斷別人。」

第二個教訓：「如果別人懷疑你，就展現出卓越。」

時常肯定自己

我一時脆弱，傳了訊息給她，她回傳訊息給我，內容大致是你應該獲得最好的……諸如

＊ 基督教會中，從事傳教與社會服務的組織。

類的話。

我盯著訊息看了一會兒，儘管曾共度許多時光，但人竟然能那麼快就改變行為，我對此還是感到訝異。不過，那是她的事，不關我的事。我會繼續做自己。

我拿出之前列的清單，好久沒有加上內容。

我加上內容：

1. 我是很棒的人。
2. 在這世上，我是心地最善良的一個。
3. 我看起來很棒。
4. 我應該獲得最好的。

以上形容的傢伙聽起來很棒。

看似悲慘的事，反而是最美好的事

倫巴底街，某間涮涮鍋餐廳，我與家人共進晚餐，慶祝小姪子出生滿百日。小姪子在媽媽胸前的背帶裡熟睡，大姪子坐在我旁邊，拿筷子用力戳 iPad。

「出生是很可怕的事情，」我弟弟說，「你住在舒服的子宮，所有的需求都獲得滿足。有時你會動一下，有時會有音樂，你想要的食物都有，突然，四壁開始往內擠壓，羊水不見了，不見了。你被推擠出來，有強光，噪音……」

「他們賞你巴掌。」我說。

「賞你巴掌，你原本就很完美又滿足，現在他們竟然賞你巴掌。」

大家都笑出聲來。他今晚狀態良好。

「沒人想要出生，」他一邊說，一邊直直盯著我看。「但你還是會被推出來。」

出生一百天的男孩醒來了，占據了大家的注意力。

我弟弟轉頭對我說：「喬要搬到洛杉磯。」

喬是我弟弟的朋友，很信新時代（new-agey）的靈修，一直很正向樂觀。

「很適合他，」我說。舊金山很久以前就已經不是愛與開放的堡壘，近來已被南加州取而代之。

「對啊，」他說，「沒想到吧，他很聰明，猜猜他以前是做什麼的？」

「粒子物理學。」我說。我能想到最不尋常的職業應該就是這個。

「他以前是混幫派的。」

「喬？你開玩笑的吧？」

「他十九歲的時候，是社會底層的人，進出監獄好幾次。幫派的人發現他很聰明，就說會送他去法學院，等他出來就可以當幫派的律師。」

「終生職，」我邊說邊笑，「無法辭職。」

「後來他女朋友懷孕，女方決定把小孩生下來，所以喬的兒子就出生了，他覺得他要結束這種生活。一定要改變才行，他不希望兒子看到爸爸關在牢裡，所以就脫離幫派了。」

這故事太厲害了，我以為喬這人連馬路都不會任意穿越，沒想到竟然混過幫派。

「有的時候，」我弟弟說，「你以為自己碰到最悲慘的事情，結果反而是最美好的事情。」

人生中的挫折，反而是進步的動力

我不快樂，我不想笑。其實，我想她的時候，往往難受至極，但不可否認，我的情況有所好轉，只是短短幾週的時間，我卻覺得一輩子的汙泥都去除了。長久以來，這還是我首度擁有真實的感覺。

有些時候，我想著人生其實是不是幫了我一把，我不再麻木了，我全神貫注去愛自己，寫起文章有如行雲流水，我的鍛鍊超出了預期。

巨石強森也會表示贊同。

藉由許下誓言，讓自己向上提升

我之所以情緒高漲，是因為我處於生存模式，最後，我會失去動力，隨波逐流。這是人性，是我的本性。不論我進步的如何，都還是在小聯盟，但不久，就該提升自我，去大聯盟。

我是怎麼做到的？許下誓言罷了。

靜觀能辨別，念頭是出自恐懼還是愛？

靜觀的好處之一就是能提升洞察力。連自己都不知道的問題，也能獲得解答。以下是我今天早上的反思：

當時我給她的愛確實純粹又美好。現在該把這份愛送給自己了。

對於心中浮現的見解，務必要謹慎以對。人的心智非常狡猾，會悄悄潛入，有些見解看似答案，其實有可能是心智所為，應對之道就是問自己：「這是恐懼還是愛？」

如果是恐懼，你知道答案是什麼，那不是真的，那沒有用的，那是幻想之蛇。

如果是愛，那就去應用吧。

當你愛自己，人生也會愛你

我留意到情況開始順利起來。正想讓身體變健康時，對的人突然傳訊息過來，提議說要幫忙；跟人不期而遇，結果讓我挽救一筆投資，要不是這樣，那筆錢很有可能就沒了……諸如此類的事情。

巧合嗎？是啊。同步性嗎？可能喔。若是如此，那這應該不會嚇到我才對。不過，重點在於我決定去相信自己不是風中的孤葉，我隸屬於比我更宏大的事物。

當你愛自己，人生也會愛你。

獨處能排出心智的二氧化碳

我滴酒不沾許久，社群媒體使用量降至零，跟人聊天不講應酬話，那些都會讓人消沉，是心智的二氧化碳。

法國哲學家布萊茲·帕斯卡（Blaise Pascal）說過，人類的問題都源自於人無法獨自安靜坐在房裡。嗯，放馬過來吧，我可以的。

面對火的時候，所有不是我的真實面貌，火都會逐一除去，剩餘的就是我的真實面貌。雖然我很想分散火的注意力，但是我不會這樣做。這太重要了，我太重要了。

一想到自己太重要，就有措手不及之感，唯有愛自己的人才會覺得自己太重要。長久以來，這還是第一次浮現這樣的想法，我不由得露出微笑。

純粹為了自己而愛自己

我不顧一切，全神貫注去愛自己，為的是拯救自己，為的是逃離痛苦，為的是迴避那些回憶，不去揣測她的情況。然而，假設愛自己不是一種達到目標的手段，愛自己本身就是目標呢？

剛開始的時候，從來沒想過這個問題。就算愛自己是目標，我也還沒準備好愛自己。不過，也許愛自己有幾個階段，而我必須逐一經歷才行，好比是電玩遊戲，要一一破關。

於是我下定決心，純粹只為了自己而去愛自己，不是為了存活，不是為了療癒，更不是為了她。

我之所以愛自己，是因為我給出的那份愛，我理應獲得。

坦然面對自己的傷痛

跨年夜，我出門散步，舊金山正吹著狂風。我沿著人行道蜿蜒而下，正要轉彎走向公寓時，看見一對年邁的非裔美籍夫妻在相互拍照。男的穿著派克大衣，女的盛裝打扮，穿著有光澤感的黑裙。

「你們要合照嗎？」我問。

她露出大大的微笑。「好，太好了。」

她把手機遞給我，依偎在他身上。他們抱著彼此，相愛多年的伴侶都是那樣抱著的，甜美的熟悉感。我拍了四張相片，拍最後一張時，我說：「擺出相愛的樣子吧。」

他吻了她，她笑得燦爛。我遞回手機，他們向我道謝並祝我新年快樂。我正要離開，但不知怎的，突然停下腳步。

「我分手了，心都碎了。」我對他們說。嗖嗖的強風鞭得我淚水欲落。「可是……可是看見你們相愛，很好。所以，謝謝你們。」

她把雙手放在心上。

「啊，」她以十分親切的語氣說，「我們會為你禱告。」

「謝謝你們。」不管是什麼樣的幫助，我都願意接受。

我回到陰暗的公寓，直接走向筆電，寫了下來。

生活是由內而外的體現

新年當天，去年此時，我提出幾個具體的問題，探究自己想從人生中得到什麼，還寫下了答案。回首過去，我寫下的內容有許多都已成真。決定自己想要的事物並明確表達出來，就能發揮這般巨大的力量。

我記起生活是從內而外開始的，如果我專注於內在，其他事情自然會水到渠成。所以今年我會採用別種做法，不是去擬定要達成的目標，而是去決定我想要成為怎樣的人，然後明確表達出來。

我問自己：「如果我愛我自己愛得真摯且深刻，我會成為怎樣的人？」

答案很明顯，我會很卓越。

然後，我問自己：「卓越需要具備什麼特質？」

答案也很明顯：全心全意愛自己。

只有自己能為自己的人生負責

想想以下的句子：

1. 你的念頭和情緒創造出你的內在狀態。
2. 你的內在狀態影響你的外在狀態。
3. 你的外在狀態左右你的人生。

由此可知，如果1.會導致2.，再導致3.，那就表示念頭和情緒會直接影響到人生。

把時針往回撥，回頭看看這是如何影響我的。我頭部受傷後，就以保護自己為前提在過人生，對於任何事情都十分消極。我是跟隨事情的牽引，而不是我剛好碰到事件。

如果那就是我的內在狀態，我的人生會有何結果呢？

假如我能不留情面，老實說出來（我應該這麼做，這等於是我送給自己的禮物）：其實自受傷以來我就充滿無力感。那麼，這樣會對我的人生造成何種影響？種子種在哪裡，就會在哪裡成長。

這裡的功課是什麼呢？

要不遺餘力，讓自己從裡到外都感受到強大的力量，感受到能掌控一切，感受到我是剛好碰到事情。我要下定決心，我的感受、我的情緒都是我自己要負責的，而且唯有我要負責，最終我的人生也是我要負責的，各個部分都是如此。

無論發生什麼事，事情就是發生了，就這樣。現在該種下新的種子了。

選擇正向念頭，在心中種下新的種子

那麼，要怎麼種下新的種子呢？很簡單，從開端做起，也就是從念頭和情緒開始處理起。如果那是憤怒、痛苦、嫉妒、任何一種由恐懼延伸出的感覺，那就是黑暗；如果那是我對自己的愛，那就是光。就是要這麼明確才行，不能有中間的灰色地帶。

每一刻都要盡可能轉向光，讓自己感受到光，一而再，再而三。我已經實踐了好一陣子，但要再更進一步才行，不僅要在這裡種下種子，還要給予種子所需的養分。

愛自己是一種力量，但愛自己不是只做一次的事。愛自己好比是健身，一定要持之以恆，也許需要窮盡一生去執行，不過，那又如何？如果這就是解決之道，那麼這樣的解決之道還真是好斃了。即將到來的奇蹟，是我理應獲得的。

用新的心智循環消除舊的負面念頭

現在該要掌控我的健康了。朋友傳訊息給我後，正在為我制定計畫，但我不會空等，我去找馬特．庫克（Matt Cook），他是美國頂尖的再生醫學醫生，而我去年看過的醫生當中，就只有他的治療有效果。

我們瀏覽檢驗結果，發現上回找過他以後就有所改善。最重要的，我的心態很積極，不會做出情緒反應，因而有助於痊癒。

我在那裡的時候，跟麗莎聊了起來，她是努力工作的護理師，負責確保所有患者都感到舒適。然而，她的眼神流露出痛苦，因為她兒子幾個月前吸食過量海洛英去世了。

她的痛苦，我簡直無從想像。相較於我那火柴般的痛苦，她的痛苦有如森林大火。不過，我也想到了一件事：「人人都曉得痛苦的滋味。」也許痛苦的種類不同，也許痛苦發生的人生階段不同，但痛苦就是來了，痛苦是人類經驗的重要部分。

痛苦不會讓我變得獨一無二，痛苦會讓我變得富有人性。無論我正在經歷什麼，我都不是獨自一人，在我經歷以前，已經有無數人經歷過了。正如數千年前的古羅馬詩人所說：「我是人，因此人的事於我而言無一件不尋常。」

我自己也覺得訝異，竟然把自己經歷的情況告訴了她，就連我對友人手槍的幻想，也在她面前如實吐露。她吸了一口氣，給我看她起滿雞皮疙瘩的手臂。

「我現在不會那樣了，」我對她說，「那些念頭都過去了。」

她緊緊抱著我好久。

內心浮現那些念頭時，自己也嚇到了。我已處理掉了，將那些念頭拋到腦後，不過，也許自殺的念頭和「癮」沒有差別，可以拋到腦後，但若碰到裝滿毒品的大垃圾箱，誘惑也會冒出頭。

解決之道就是打造出力量強大的新凹槽，就算舊有的模式冒出來，也會有所減弱，不會長久存在。有了新的念頭，就不會把那該死的針注射到自己的體內。

開始過美好的人生吧

我花時間跟芭菠相處，她是馬特的執行經理。她是個聰明的女人，接受過好幾次的器官移植手術，擊敗每位醫生的預言，如今繼續過著活躍又健康的生活。她也是氣功師，建議我去上一堂課，我接受了。愛自己的人會接受別人提供的幫助。

我躺在按摩床上，她幫我按摩。我閉上雙眼，不知不覺睡著了。在半夢半醒之間，我覺得自己好像死了，去見了上帝。在寬廣遼闊的空間，上帝是明亮的光，我飄到離光更近的地方。

「人生過得怎麼樣？」上帝問。

「相當好，」我回答以後，接著說，「謝謝你。」我是真心這麼說的。

「不夠好。」上帝說。

光變成一道閃亮的磚牆，高聳入天，不讓我繼續往前。

「去過美好的人生吧。」上帝說。

夢境會反映你轉變的狀態

夢能照亮那個深不見底的兔子洞。頓失所依的那天，我這輩子第一次做惡夢，不知名的行刑者對我施以酷刑，一堆人站在周圍觀看。我驚醒，大聲喘氣「怎麼會發生這種事？」

如果我要把這個故事寫成小說，肯定會把這個夢貼上太過戲劇化的標籤。

「不行，」我會一邊刪去這個夢一邊對自己說，「老套得要命。」

不過，我的潛意識會顯現出我所處的境況。

我以前還很得意，從來沒做過惡夢。到此為止了，每個人好像遲早都會碰到安全感頓失的那一刻。這心碎的感受是出自我的心碎。

不過，就算是一張網，還是有一縷縷的金線存在。我愛過她，我真的愛過她。

有一次，我對她說：「我不只是今天愛妳，從今天起的三十年後，我也還是愛妳。」

我愛過她，從裡到外，我發自內心知道這點。男人能這樣深愛自己的女人，該引以為榮才是。

我慢慢醒來，告訴芭菠：「我夢見我死了。」

「這是你的重生。」她說。

夢可能會顯現出你跌落的現況，卻也會顯現出你攀升的樣貌。

愛能治癒所有的傷

晚上了，我坐在逐漸變暗的客廳，凝視窗外，海灣對岸的奧克蘭城市閃爍不已。夜裡多半會有一艘艘貨櫃船默默駛過，散發的光芒如耶誕樹般，今晚卻連一絲動靜也沒有。

我把手放在心上，輕聲對自己說：「我愛你，我愛你，我愛你，我愛你。」

我當然是在對自己說，但這還有另一個層次，此時的我是在對更年輕的我說話。

很久以前，我做過練習，想像自己回到童年時期，那個被性騷擾的自己。在某個想像版本中，我救了那個孩子，把性騷擾者的頭給扭斷了，而且是名符其實斷掉了。在另一個版本中，我走向那個孩子，他羞愧地躲了起來，我抱著他，對他說，我會保護他。

我想像出好幾種版本，但每一種版本，我都是變成身強體壯的男人回去救那個孩子。基本上就是對他說：「我懂你，我不會讓別人傷害你。」

對於童年的其他部分、其他的回憶，我做了同樣的練習，這類練習全都很有幫助。然而，我也心知肚明，這類練習不是做了一次就修正、完成了。人類的心靈太過細膩微妙。

凡是能療癒自身經驗的方法，都要加強去做才行，要持之以恆練習，或者，最好能整合成一項無所不包的練習，而那項練習就是愛。

將所有自責的念頭全拋棄

有件事我一定要做，可是我一直拖延，沒關係，畢竟我處於生存模式，就像身體會把血液從四肢轉移到重要器官那樣。不過，為了邁向下一個階段，「我一定要原諒自己」。

對於我的失敗，對原本可以變得更好卻沒做到的我，對於我犯下的錯誤，對於我怪罪自己的念頭，全都原諒吧。現在該卸下重擔，放下吧。

於是我放下了。我拿起筆記本，把浮現的想法一句句寫下來。每句的開頭都是「我原諒自己……」，我不停的寫，直到沒什麼好寫的。然後，我對自己大聲念好幾遍，感受自己肩負的重擔。

寫完後，我繫好靴子的鞋帶，走向濱海綠地。到了以後，我坐在往下通往大海的階梯上，替剛剛的原諒清單加上內容。我感到訝異，內心浮現的不只是近期的事，原來還有更深的層次存在。不過，我必須先經歷了才會領悟到這點。

我最後寫下的是這些句子：「我原諒自己，因為我愛我自己。我原諒自己，因為我理應獲得愛、喜悅、慈悲、美好的人生。我原諒自己，因為人生愛我。」

我再次把整個內容念出聲來，念到我的內在起了變化、自知完成了為止。我把紙撕下來，然後往下跳到一堆石頭那裡，找出一塊吸引我目光的石頭，然後用紙緊緊包著石頭，用某次飛行得來的眼罩綁好。我雙手捧著這一整包東西，沉重又紮實。

我凝視海灣，金門大橋在左手邊，惡魔島在右手邊，這座惡名昭彰的監獄島在落日下散發著光芒。但真正最大的監獄卻不是用石頭和水泥打造的，而是人的心智。

我把那一包東西扔進海裡，看著它噗通入水，而後消失不見，就這樣不見了。然後我做十次呼吸法，但我沒像平常那樣，而是隨著每次呼吸就說一次「謝謝你」，並且感受頭頂上的光自然進入體內，有東西起了變化，我不是費力讓光進入，而是去接收光。

我離開那裡，腳上的靴子重重踩著人行道，帶著決心往前走。

愛自己能幫助停滯的自己再度成長

我將來必須做這項練習好幾次。我原本可以成為怎樣的人卻沒做到，這是身為人的本性。不過，這也沒關係，我越是全心全意去愛自己，累積的汙泥就越少，不得不放下的東西也越少。

把自己想成是幼苗破土而出，往上抽高，然後停滯了，接著再往上抽高，最後再度停滯，這模式會反覆進行。**愛自己，才能往上抽高；原諒自己，才能克服停滯期。**我成長並改進，一寸寸接近光，接近那個最優秀的自己。

感受自身的力量

健身房外，我回電給紐約的友人，我們上一次談話是頓失所依的隔天。我跟他談到自己的近況，說我全神貫注愛自己，愛到了著迷的地步。

「很棒啊，」他說，「你好像變得很不一樣，這樣有多久了？」

我不得不努力回想，好像是上輩子的事了。「三個星期吧。」

「你的聲音不一樣了，」他說，「變得更有力量了。」

「有意思，」我說，「最近我常想著力量這個詞。」

「跟你講話，」他說，「就感覺你好像在散發力量一樣。」

我不是很贊同，但那樣想也很好。

「還是很辛苦啊，就只是過一天算一天。」

「嗯。」他出了個聲，沉默了一會兒。「她讓你頓失所依的那天，假如當時的你是現在這個樣子，你會怎麼做呢？」

我連想都不用想。

「我會跟她說，我應該獲得更好的對待，我們應該一起想辦法解決，因為我們還是相愛的，我們應該去彌補我們之間的愛。不過，假如她不想這麼做，那我會放她走，而且是懷著愛的。我是一個很棒的人，但她的選擇掌握在她的手上，不是掌握在我的手上。」

輪到我沉默下來。

「我肯定不會讓這種情況造成或觸發內心的不安感，我會專注於真實的自己，活出真實的自己。」

「你說的話聽起來有很強大的力量。」他說。

「我覺得自己好像被一巴掌打醒，」我對他說，「好像所有汙泥都被去除了，頭痛也消失了。我積極維護自己的健康，不遺餘力，而我也很快的好轉起來，從身體就能感覺到。」

「那就是愛自己。」他說。

我掛了電話，望著車流經過。對，我愛我自己。對，我開始感受到自身的力量。而這全都感覺很好，不過，還是帶著淡淡的悲傷。我想念她放鬆躺進我懷裡而我緊緊抱著她的日子，我想念我愛著她而她也愛著我的單純片刻。

我讓這樣的想念襲來，讓自己去感受也是愛自己。然後，我走進健身房，全力舉重。

人生變得充滿希望

我醒來就心想：「不曉得今天我會經歷什麼好事？」

這念頭不知從何而來，只是依稀知道我眼中的人生就是漸漸變成這個樣子。

把每天都當成是最後一天

這整件事之所以那麼辛苦，是因為出乎我的預料，我根本沒想到。

也許她跟我說過但我沒聽進去，也許她只是突然大發雷霆，也許其實就是不知從何而起。不管是何種原因，事情就是發生了，而我來到這裡，又是早晨了，又在凝視窗外的海灣。

灰雲飛掠而去，海色近乎藍綠，停泊的帆船桅杆在風中強烈搖晃。我又想到死亡，最長久的歇息，許多人永遠無法預知。然而，死神就在那裡，如白日般明亮清晰，站在我的面前，等著我的下一口氣。

也許死神是我這輩子有過的最大贈禮，我往前進一步，祂就往後退一步。哪一步會是最後一步，我永遠不得而知，卻活得彷彿還有好幾公里的路要走，而實際上可能只剩下幾公分。

我不用一而再、再而三地被一巴掌打醒，我只要知道自己不一定能踩出下一步，我要凝視死神的眼窩，帶著決心往前走。

這樣去活，就別無選擇，只能活出最美好的自己。

把注意力放在想要的事物上

我躺在沙發上，用 YouTube 聽著偉恩．戴爾（Wayne Dyer）的演講，他是雪柔的朋友，兩人經常一起擔任研討會的主講人。

「如果思考什麼就會成為怎樣的人，」他說，「那麼就要謹慎思考。」

他的聲音流露出他對真理懷抱的堅定信念，我很喜歡這點。

「想要吸引美好事物來到人生，卻老是在講人生缺少什麼，老是在想人生缺少什麼，那麼缺少的東西就會越來越多。」

他說的話確實引起我的注意。

「我從來不去講自己的人生缺少什麼，我只把注意力放在我打算造就的事物上。」

我坐起身子，他剛才把往上提升層次的方法解鎖了。

「無論你想要吸引什麼來到人生，請對自己說：『就要來了』四個字，把這四個字刺在心上吧。」

他接下來說的話是我很愛的。

「我們學會說出『我走運的話』，卻覺得這句話的意思是說情況不會順利，為什麼呢？怎麼不去說：『我走運的話，事情可能會比平常更快發生。』然後養成習慣。」

「當你開始改變思考方式以後，就能依照內心的念頭行動；而開始依照念頭行動以後，就會開始跟命運攜手合作。」

他的話一針見血，精確描繪出我最近的感受，那樣過人生對我有好處，而在塔布里茲的地圖上，那是第二個航點。

影片結束後，就算戴爾幾年前已離開人世，我還是覺得他剛才是直接對我講話，這就是現代的美好之處，別人的智慧和地圖可隨時供我們取用，至於要不要活出那樣的人生，全看我們的選擇。

真摯地愛上自己

我在浴室裡，正在做入睡前的準備。我凝視鏡中的自己，靠近鏡子，內心燃起熱切的愛。我望進雙眼，心想，哇！眼睛好漂亮，那個用眼睛凝視的男人也很漂亮，我怎麼能忘呢？

我對自己的愛流露出來，不用努力也不用反覆訴說，愛就這樣流露出來。

陷入困境時，讓自己好好感受

隔天我就往下沉淪，我的心智好像開了個大玩笑，思念使勁把我給撕裂了，我走來走去，幾乎撐不下去。做十次呼吸法，卻費力得好像在把巨大的岩石給推上山。不過，我得以問自己：「巨石強森會怎麼做？」

他肯定會全面鍛鍊，於是我去健身了，起碼這樣是在照顧自己的身體。巨石強森，謝謝。

我回到公寓，靜觀。靜觀快結束之際，音樂即將播放完畢，內心深處有個聲音說：「你會順利度過這趟奇異的旅程。」這念頭感覺很真實，內心突然放鬆下來。

假如我夠聰明的話，就會留在那裡，就會盡量讓這種狀態長存，就會再度進行十次呼吸法。不過，我打了電話，留訊息給她。

「今天很辛苦，」我說，「我只是需要跟妳聯絡。」

我的聲音嘶啞起來。

「我只是希望……我要付出什麼才能回到家，回到我們的家，而妳會在那裡，我會把頭倚在妳的心上，那是家。」

我以前常把耳朵倚在她的胸懷，聆聽她的心跳聲，那曾經是我的家，我覺得自己的家被奪走了。

「妳的心，」我說，「我的家。」

我啜泣著，場面很難看。

「一時脆弱，」我說，「一時脆弱。」

之後，我站在原地好長一段時間。

我打算出門，也許去見見朋友，但內心有聲音說：「不行，要待在這個空間，好好感受，今晚太重要了。」

於是我不去轉移注意力，決定留在家中。我在公寓裡走來走去，我凝視窗外，我做了十次呼吸法，再也沒有巨大的岩石，但還是有岩石存在。我厭倦了這類的痛苦，我受夠了。

然後，我知道自己必須要做一件事。

大聲念出誓言，如同刻在心上

我拿起筆記本，打開來，在紙頁上用力寫著：

在念頭上、行為上、話語上，我都誓言竭盡所能去愛自己！因為我理應獲得深刻又全面的愛。

我註明日期。然後，我大聲念出來，念了十遍。念到第五遍的時候，內心有什麼起了變化，我正在把這一字一句刻鑿在自己的心頭上。

我決定每天早上都把這誓言對自己大聲念出來，然後實踐誓言。我要是哪天跌了跤，就會再次認真大聲念出誓言，因為那就是這句誓言理應得到的對待，因為那就是我理應得到的對待。

誓言能帶來前進的動力

痛苦有如投石機，把我投射出去。至於它要帶我前往何處，全看我的選擇。不過，我會像拋射物那樣，終究會失去動力，速度放慢。痛苦只能帶我前進到一定的距離。

我需要的是某種可以拉我而不是推我的東西。只要我全力以赴，就會獲得同樣回報。而那個東西就是誓言。

對自己許下誓言是一件純粹又神聖的舉動。我凝視自己時，筆還躺在紙頁上，我覺得宇宙剛才好像被刻出了一道凹痕，這就是所謂的力量。

將自己與造物主連結

我立下誓言不到半小時，她打電話過來。對於愛，雙方都說了很多，我哭了出來，但什麼都沒變，她還是待在她那裡，我還是待在我這裡。

通話結束後，我凝視紙頁上的誓言，有什麼讓我心煩。

她對我說：「我覺得你愛我多過於我愛你。」

那句聲明在我的心頭響了一遍又一遍，最後我厭惡起自己來。我一定要把自己放在第一才行，那句誓言肯定能讓我做到這點。

我去沖冷水澡沖了很久。我回到客廳，望向窗外的黑暗，雙膝跪地。我不太是那種會祈禱的人，但我還是祈禱了。

「上帝，」我說，「比我宏大的事物，人生……我需要把這個交託給祢。」

我停頓一會兒，在內心深處尋覓著，而浮現的念頭有點嚇到我了，但心就是心。

「我渴望她跟我在一起，開開心心的，我們會共度美好的人生，這就是我想要的，而我把這交託給祢。」

於是我這麼做了，肩上的擔子隨之卸了下來。無論此舉會有何結果，我都覺得無所謂了。此刻以後，我只關注一件事：「信守我的誓言。」

誓言將引領自己達到更好的境界

去年，我擔任顧問的某家公司被賣出去了，我跟那些創辦人說過要等一等。公司最後發揮市場競爭力，收入逐月增長，只要持續下去，就能打造出千載難逢的一家公司，就算是碰到最壞的情況，賣出的價格還是會比目前虛報的低價高出許多。

然而，創辦人還是先一步賣掉公司。幾個月後，執行長打電話過來，說我說對了。賣出去，拿了現金就走，人人都賺到錢，這樣雖是不會造成傷害，卻呈現出「良好」和「優秀」之別。

情況不錯的時候，「良好」能換成現金，要達到「優秀」，則需要耐心和紀律，不會因為情況不錯就讓步，而是會有力地往前邁進，這類的創業例子有一堆，白手起家，打造大型公司，影響許多人的生命，而這些人有一項共通點，他們都是有願景的創辦人。

今天早上，我大聲念出誓言，領悟到誓言也是一種願景。誓言沒有妥協的餘地，我會全力以赴。如果我跌倒了，誓言會讓我有爬起來的理由。我站起來，拍去身上塵土，然後回歸到誓言。我的誓言會引領我達到優秀地步。

相信人生是經由我而發生的

交託出去並不是放棄的意思，只是要把我肩負的渴望交託給那個比我更宏大的事物。此舉本身就會讓內心的渴求感平息下來。

雨林裡拍翅的一隻蝴蝶導致半個世界外掀起海嘯。人生比我的心智所能理解的還要貴重許多。我一定要相信，人生帶給我的，會比我預料的還要重大。

人生自會帶走沉重的負擔

我走去平常做原諒練習的地方。那是個多雲的傍晚，停車場仍因午後的雨水而濕漉漉的，太陽已經西落。我短跑，休息時就接連反覆做著愛自己呼吸法。

做完後，我坐在防波堤上，聽著海浪撞碎在下方的岩石上。沒有一絲跡象顯露出我幾天前才放下了什麼，是人生把它從我手上拿走了。我想到其他怪罪自己的念頭，而我張開雙手的手掌，感受那些念頭逐一掉落，一切就是如此簡單。

夜色愈加深暗，配戴警示燈的幾名慢跑者跑了過去。我想到她，思念浮現，我再次張開雙手的手掌，張得大大的，把心中的思念交託給那個比你更宏大的事物。比起我在腦海裡不必要的跟她聊天，交託出去實在好上許多。

我想到偉恩．戴爾說的話，不由得笑了出來，我對自己說：「我走運的話，奇蹟就會比我預想的還要更快到來。」這樣想就好受許多，也有真實感。

何不去做呢？我的信念有如濾鏡，而人生會透過那道濾鏡投射出來。我要選擇出一個能讓我從裡到外都露出微笑的人生。

探究人生的各個階段，重新修復自己

移居峇里島的朋友傳訊息給我。

「我女友認識一個希塔療癒師兼治療師，」他說，「她說那個人很厲害，我想要送你一堂課。」

我不曉得希塔某某到底是什麼，但我不在意，人生送禮物給你，你就接受。

「有點遠，」他說，「這樣你可以嗎？」

我這輩子在北加州也待夠了，就算怪力亂神也試試看吧。

之後，我就在Skype上，跟住在烏布的瑞典金髮女子艾瑞卡．喬韓森（Erika Johansson）聊起天來。她模樣沉著，態度親切又關心別人，整個人容光煥發。

好的，最壞的情況也不過就是跟容光煥發的好人聊了天。

她向我逐一說明整個過程，問了一連串跟我的信念有關的問題，然後有個東西突然冒了出來。

「她們老是離開我，」我發現自己這麼說著，「每次我深愛某個女人，她就會離開我。」

這些話竟然冒了出來，我簡直不敢相信，卻很符合我的情況，就我記憶所及，這已經是我的模式。

「還有她，」我說，「我真的很愛她，每個方面都很真實。而她也愛我。我原本堅定認為這種事絕對不會發生。」

我跟艾瑞卡說，當我還是個孩子時，媽媽就離開我。我爸對她暴力相向，她再也受不了了。還提到小時候覺得沒辦法觸碰她，但這件事你長久以來就知道，還以為自己已經解決了。

另外，我母親都回來了，這個模式為什麼還存在？

艾瑞卡引領我探究人生中的其他時間點。我的父親，性騷擾者，這兩個人對我你說過的話，早期的關係，而在前述當中，同樣的信念，像蛇那樣把我纏得越來越緊。我好想吐。如果那就是我的濾鏡，怪不得我的人生會是這等面貌。

「我好厭倦這些。」我說。

「很好，」她微笑說，「現在該放下了。」

她對我進行希塔療癒，而我竟也真的感覺到自己把那信念放開了，它就這樣消失不見，像泡泡那樣噗的一聲不見了。然後我們倆一起打造出我想要的新信念。我把自己列的清單徹底思考一回，做出以下的決定：「我是很棒的人，我愛的那個女人深愛我並留在我身邊，而我們一起共度美好的人生。」

然後，我談到她的事。經歷過這些，經歷過放下和種種一切，我還是愛她。

「她說她也正在經歷同樣的情況，」我說，「那不是關於我的。」

艾瑞卡閉上雙眼，沉默了好一會兒。

「那就相信她。」她終於說道。

以前，這似乎是不可能的。我的不安全感正在上演。但是愛自己削弱了它們。

「好，」我點頭，「我愛她，不管怎樣都愛她，我必須聽從我的心。」

幾天後，朋友傳訊息給我：「我女友在超市碰到艾瑞卡，艾瑞卡說你給她帶來啟發。」對方的讚美，我接納並相信，不再輕忽對待。我接受人生送來的贈禮，然後我拿出清單，加上這句話：「我給療癒師帶來啟發。」

關照自身，不讓自己分心

入夜了，我蜷曲在沙發上，望著街燈下的雨幕，一艘貨櫃船默默滑過海灣，在橋下穿過，前往遼闊的太平洋。

將近一個月之久，我沒看電視，沒讀新聞，也沒查看社群媒體上發生的事，因為自己有可能會迷失在各式各樣令人分神的事物中。我面對炙火般的磨難，要關照自己的身心。我全力寫作，透過這次的經驗，創造出特別的事物。

等我安然度過這一切，就會比剛進入磨難的自己還要好上許多。

我會愛自己。

老是想著自身的傷疤，只會一直處在黑暗中

又是辛苦的一日，想念的感覺猶如胸口破了一個大洞。我打電話叫優步，去坎貝爾見馬特，要接受後續療程。來接我的司機，臉孔有些奇怪，然後我才明白那是燙傷的疤痕，疤痕爬滿他的臉孔和雙手。

車程一小時，久得足以迷失在念頭裡。我做十次呼吸法，卻越是處於生存模式。車子在二八〇號高速公路上蜿蜒行駛，我偷偷看著方向盤上面司機的雙手。

人人都有疤痕，無論是外表還是內在，疤痕就在那裡。若把注意力放在自身的疤痕上，就會一直待在黑暗之中。舊有的模式會被改寫的。我想到偉恩．戴爾，他滿腦子只想著他想

要創造的事物，那樣就會把注意力放在光上面。

在馬特的辦公室，麗莎幫我抽血。她抽完血以後，把一隻手放在我的肩上，牢牢捏了捏。她對我微笑的樣子，肯定是察覺到我需要這樣。

人生正在把愛送給我，總是如此。而我接受了。

將愛自己變成好習慣

老實說吧，我隨波逐流好長一段時間了，一年吧，也許更久？至於靜觀，只在有空的時候才做，或者想了很久才去做。在頓失依靠以前，上次我始終一直愛自己是什麼時候呢？

人生很順利，我懶散起來，然後受傷了，專注在出錯的地方，沒去關注我明知道的真相。我指望發生什麼事呢？心跟身一樣，都很容易受到影響。不運動一年，看看會發生什麼事。

我原本應該繼續邁向優秀之路，卻在情況不錯時趁機脫手，我要為此負起責任。無論我喜不喜歡，我都已經被搖醒了，好好發揮吧。我會再度經歷辛苦的日子，別因此就走回頭路。

我已經許下誓言，我已經懂得怎麼應用，下一步就是培養一連串的習慣，好讓自己持之以恆去做，就像刷牙那樣。那麼，我就能無視暴風雨，一直往前邁進。

每天信守愛自己的誓言

觀察一個人的心智，就得以俯視他的命運，一切都始於內心，因此務必要培養心智的習慣。

我要寫下每天會做什麼來信守誓言。醒來後，做十次呼吸法。然後，喝咖啡，大聲念出誓言，接著靜觀。沖澡的時候，做十次呼吸法。走路的時候，閒下來的時候，做十次呼吸法。在健身房，在各組動作之間休息的時候，做十次呼吸法。上床前，凝視鏡中自己的雙眼，說：「我愛我自己。」我要反覆說到內心起了變化為止。躺在床上，準備睡覺時，做十次呼吸法。

很多很難記嗎？其實不然。醒來後、入睡前的形式強度較高。然後，白天的時候，有閒情逸致就做十次呼吸法。很簡單的。

這就是我劃下的底線。要信守誓言，最起碼要做到這些。那麼就算碰到辛苦的日子，還是能繼續加深凹槽，因為我值得。

人生的轉變猶如奇蹟

我曾經讀過一本書，作者提到他只要運用肯定句，這輩子想要什麼就能得到什麼。每天他會把「我某某某會……」這句話寫個十五遍，然後把他想要的東西說出來。他是個極為理性的傢伙，之所以會試試看，比較是基於好奇心起見，而這做法行得通以後，他就乾脆用了。

他沒什麼賣點，那些不是那本書的重點，其實反倒比較接近事後的想法。他對此有些侷促，比較像是分享，因為，嗯，一旦你發現某個真理行得通，那就是你應該做的。

他試著去合理化，說肯定句也許能讓心思集中在該注意的地方。這種說法正當又合理。但他又說，應用這套方法後，有很多事情原本是超乎他能力所及，卻還是發生了。

我去見他，在晚餐上吃喝著的時候，拿這件事問他。他說，全都是真的。他個人並沒有給出合理化的說詞，他開始相信他們利用的某種現實脈絡是無從解釋起的。

有道理。我們可以合理化自己的人生，但在內心深處，還是渴望著某種比自身更宏大的事物，並隨之流動。當我們找到箇中方法，就算怕自己成為笑柄，永遠不會透露方法，我們還是能從中獲得慰藉。在重轟炸下，散兵坑裡可沒有無神論者。

那麼，像這樣反覆去說愛自己，只是一種肯定嗎？或許吧。是不是把大腦的神經路徑給重接了呢？總而言之，大家都曉得，那些一起發射訊號的神經元也是連結在一起的。越是讓那些神經元發射訊號並連接，路徑就越強，神經元就越是會自行發射訊號。沒錯，這解釋很合理。

不過，這樣能解釋我人生中發生的變化嗎？一個個機會出現，我原本不知該怎麼促成的事情，就這樣自然而然自行發生？或許吧，我可以每一個都接受，詳細分析，提出合理化的說詞。

不過，那樣對我有好處嗎？信念有如放大鏡，人生藉此投射出來。為了讓亮點成為我活著的體驗，我想用放大鏡專注看哪裡呢？

人類的智慧和地圖可隨時供我取用，我覺得什麼事會引起共鳴就選哪件事，然後全力以赴。當我堅定立場，當我說：「這是我的信念，我會充分活出信念。」那麼人生就會回報我。當我隨波逐流，人生就不會回報我。這是我學到的真理。

跟隨自己內心的答案

我去健身房，身材已是這幾年最好的了。我控制飲食控制得很好，沒有例外。每次很想作弊，很想怠惰，就問自己：「如果我愛我自己，我會怎麼做？」答案很明顯，而我也實踐了。

每回的實踐都是在強化路徑，做出愛自己的選擇。我以前就很習慣這樣做，如今卻是全新的層次。當我盡一切所能去信守誓言，就會進入全新的層次。

觀察心智一段時間，就會體悟到心智總是會回答問題。若想著什麼有可能會出錯，心智就會答以恐懼。若想著缺少什麼，心智就會答以痛苦，而我隨即體悟到心智自然而然走向負面，並未走向光。

由此可知，我必須有意拿一些帶有自主力量的問題去問自己，也就是說，那些問題要能讓我做出愛自己的選擇。這樣做一陣子，就越來越不用問那類問題。依照內心的答案，在生活中實踐，就會自然養成習慣。

珍惜當下，把這裡當成天堂

幾年前，某次晚餐，朋友跟我說，她死了又活過來了，臨床死亡八分鐘，千真萬確。於是我不得不問。

「有沒有什麼事發生……妳知道的，就是妳在那裡的時候。」

她搖頭，她什麼也不記得。然後，她掃視四周，放下叉子，輕聲說：「萬一這裡是天堂呢？」

她往後靠，望著我。

「我死了，」她說，「那我要怎樣才知道這裡不是彼岸呢？」

這一刻，時間停止不動，我覺得剛才好像有人敲了你的腦袋，我們倆一言不發好一會兒。

「那我就會那樣過活，」她終於開口說，「把這裡當成天堂。」

這信念極好。

全心接納自己

我去了馬特的辦公室一趟，他出了遠門，但我要打點滴，裡頭有維他命和各種好東西。為什麼要打呢？照顧自己就是愛自己。

麗莎走進來，掛上點滴。

「噢，那些很漂亮。」她一邊凝視著窗邊的花，一邊這樣說著。她把暖墊拍鬆，放在我的手臂底下，輕輕把針扎進我的手。她對我說，今天早上她去上尊巴舞課，一整天心情都很好。

接著，她的表情柔和起來。她兒子以前在那間健身房運動，她上課的時候，有時會透過玻璃牆看他運動。

「大家都說我應該減少接觸，」她說，「我到處都有他的相片，我的手機也有。可是我不想那樣做，他是我的一部分。」

她把針筒往下壓，液體流入，她用紅色繃帶綁著我的手。做完後，她嘆了一口氣。

「不過，我想還是應該要減少接觸。」

那她會覺得這裡是天堂嗎？我沒有問出口。

她在這裡，還是珍惜著白日的美好時刻，對患者露出微笑，以溫柔又關愛的態度照顧患者。她的存在造就出一小片的天堂。

「這星期我差點就跑去刺青，」她說，「沒刺，但以後會刺。手腕要刺名字還是鳥？你覺得呢？」

「鳥，」我說，「象徵的圖案比較好。」

我跟她說，我最喜歡的象徵圖案是蓮花，生於汙泥，在光下綻放。

她微笑。「那就選象徵的圖案。」

她把用完的耗材拿走，轉身離開。我再次想著自己的象徵圖案，蓮花不會強迫自己綻放去接納光，是光讓蓮花綻放。

我做了許多努力去愛自己，肯定還有更高的層次吧，在那裡不用費力，不用對抗那種抗拒的感覺，只要讓自己接納那份向來屬於自己的愛。

接納原本就屬於自己的愛

於是我做了。夜裡，躺在床上，我重複做著十次呼吸法，做到睡著了為止。不過，這次沒有強迫的感覺，我呼吸得更深更慢，感受到愛進來了。我沒有抗拒，只是去接納屬於自己的東西。

我醒來，帶著微笑，隨即立刻做十次呼吸法。接納自己的愛，接納光。

將時間留給自己

為什麼是十次呼吸呢？因為這個數字很容易記。這個數字夠大，會引起一點變化；這個數字也夠小，每次想要藉口推託都不管用。

最重要的，這樣就會一直信守愛自己的誓言，而我以前很難做到。

不過，並不表示一天做幾遍十次呼吸法就可以了，這算是最低限度罷了。越是付出自己，得到的收穫也就越多，事情就是如此運作。

其實就是每次花十分鐘的時間，不間斷做十次呼吸法，把奪走注意力卻對人生毫無貢獻的東西給取代掉，這就是我療癒的過程，這是我的人生，把我理應擁有的時間和注意力都給自己吧。

不把重擔留到明天

晚上很適合做十次呼吸法做十分鐘。我躺在床上，舒緩白日的緊張感，漸漸放鬆下來，這樣比較容易把愛給鋪進潛意識裡。先把計時器給設好。接著，每次吸氣就擴展胸膛，讓愛和光進來，每次吐氣就把該下的放下，就這樣。

有時，我會隨著吸氣反覆說著：「我愛我自己。」有時，我不會這麼做，但每次吸氣都會讓自己去感受，感受才是最重要的環節。

這也很適合用來去除白天累積的汙泥和情緒負荷，最好就此放下，不扛著重擔到明天。

開始新的起點

兩天後，我要飛回紐約。我想像著自己即將走入的公寓，她的東西到時都不在了，衣櫃也空了。我想著自己到時會有何感受，但誰曉得呢？我只知道不管怎樣，我都是很棒的人，會再次開始愛自己。

這是另一個起點，我從那裡開始全心全意去愛自己。

不要停止愛自己

我又去了馬特的辦公室一趟，明天早上就要飛了。我看見麗莎，把帶來的禮物送給她，是我前陣子買來的醫療級光源裝置，可在冬季使用，刺激維生素D產生。上週，她提到她借了一台用，結果心情變好了，所以要存錢買一台。

「你確定嗎？」她這麼說著，差點就要抱著不放。「難道不能給你什麼來回報你嗎？」

「這是禮物，」我說，「重點是接受。」

「我覺得付出比較容易，」她說，「接受比較難。」

「所以妳才更應該接受。」

我又做回了自己，更常微笑，付出。跟一個月前的情況比起來，我在許多方面都有所好轉。心還是很疼，但愛得這麼深的心會感受到付出與接受，這當中也有著美好之處。

我很清楚，自己還處於早期階段。我愛我自己愛得越久，效果就越大。但話說回來，我的進度會變得更快嗎？

老實說，沒錯。我應該要接受自己的建議，之後就要原諒自己並許下誓言。前述作為有其特殊之處，實踐的那一刻，人生就會變得於己有利。

不過，我已隨波逐流得太久，怪不得會困在腦海裡，想著什麼地方出了錯，沒去想著自己明知該做的事。人的心智就是如此棘手，要是放縱心智不管，心智會把我們最需要的東西放在最後。

沒關係的，這是人性，我也要原諒自己做了這樣的事，而這樣就是愛自己。

念頭會造就你是誰

那麼這整件事是怎麼運作的？你決定愛自己並贏得天空降下的樂透獎券嗎，而你在世界上再也不在意任何事？愛自己比那還要更美好更巧妙，情況確實開始順利起來，超乎我所能及的體驗和資源自然而然到來，我見識到奇蹟一再發生。

不過，你一定要迎向前去，一定要跟著走。如果對於該做的事情感到疑惑，就問自己，你採取行動是出於愛還是出於恐懼？永遠都要出於愛。

還有另一件事發生，你會獲得內在的推力，往往是在靜觀的時候，浮現該做的事情，該來往的人，該說的話，把這些都聽進去吧，這些都是人生在引導你。

你的互動交流也會真誠起來。你的心太重要了，不能分心去從事沒意義的對話。你發現自己表達的事情是你想了好幾年卻忍住不說的，以前會怕別人會怎麼想，如今你以和善的態度表達出來。如果有時因此引發衝突，也別訝異。不過，說來有意思，這樣反而能讓你的關係提升到截然不同的層次。

如此真實表達出來，就更能辨清你要讓誰參與你的人生。你很清楚對方的意圖，不合理化，不揣測，不找藉口，因為那些意圖終究會跟上你。你的人生太過重要，不該容忍不良的意圖。

你的諸多恐懼自然而然減少，畢竟恐懼只是舊有的心智循環。你開始看穿幻想之蛇。一有疑惑就自問，內心的念頭是出於愛還是出於恐懼？那樣就可以解決了。

最大的轉變：你開始放下。把怪罪自己的念頭給放下，把怪罪別人的念頭給放下。內疚，羞愧，痛苦，沒有必要的受苦，全都放下。只要卸下重擔，就能區分心智的真貌與假象。剩下的就是你，你會獲得重生，把愛給自己。你在此活出自己。

最後，你會發現自己時不時會興起感激之情，有時不知從何而來，有時來自於人生為你展現的方式。

你達到完美境界了嗎？是人的話就達不到，但比起以前，你已經好轉許多。你怎麼那麼篤定呢？很簡單，只要觀察內心的念頭就足以得知。你的念頭左右你的命運，所以你的現實起了變化，呈現出你的念頭。

蘇格拉底說，讓食物成為你的藥物，讓藥物成為你的食物。把這句話調整成：「讓你的念頭成為你的藥物，讓藥物成為你的念頭。」

愛自己要不遺餘力

如果要把這些內容濃縮起來，我會怎麼說呢？

我會說：「不要等到有需要再做，此時此刻就開始，全力以赴去愛自己。」

首先，原諒自己，這樣就能一筆勾銷，重新開始。其次，許下誓言，這樣就等於是對自己、對人生聲明你會成為怎樣的人，此舉本身就是決定性的時刻。然後，不遺餘力信守誓言。迎向愛，人生也會回以愛。

我還會說：「不要隨波逐流。」無論人生有多順遂，無論心智編造出什麼藉口，總之就是不要隨波逐流，要一直不斷全力以赴。

然後，我又說了一句：「把你從中學到的心得分享出去。」分享自己的經驗，自己會變得更好，世界也會變得更好，就是那麼簡單。

當你給予愛，人生也會回報愛

舊金山的下雨早晨，行李已打包，地方也清掃乾淨，現在該去機場了。我把杯子裝滿水，最後一次走向那些盆栽，卻因眼前所見，停下腳步。那大株的植物，在看似枯死的枝椏之間，冒出兩片漂亮的鮮綠色葉子。同一處生出的兩片葉子，猶如一顆心展現開來。

我站在那裡好一會兒，欣賞葉子，不由得綻出微笑。當你給予愛，人生也會回報愛。

（相片見下頁）

作者的話

如果你覺得本書很有幫助，請評論並分享，好讓本書去到需要的人那裡。而這對我來說也很有意義。謝謝你們。

歡迎與我聯絡，請寄電子郵件至 k@founderzen.com。

HEART
心|視野　心視野系列 075

讓愛自己變成好習慣

簡單卻深刻的日日練習，把自己當作一輩子的摯愛，給自己力量克服逆境，活出奇蹟人生

Love Yourself Like Your Life Depends On It

作　　者　卡馬爾・拉維坎特（Kamal Ravikant）
譯　　者　姚怡平
封面設計　張天薪
內文排版　黃雅芬
出版二部總編輯　林俊安

出　版　者　采實文化事業股份有限公司
業務發行　張世明・林踏欣・林坤蓉・王貞玉
國際版權　施維真・劉靜茹
印務採購　曾玉霞
會計行政　李韶婉・許俽瑀・張婕莛
法律顧問　第一國際法律事務所　余淑杏律師
電子信箱　acme@acmebook.com.tw
采實官網　www.acmebook.com.tw
采實臉書　www.facebook.com/acmebook01

I S B N　978-986-507-261-2
定　　價　350 元
初版一刷　2021 年 2 月
劃撥帳號　50148859
劃撥戶名　采實文化事業股份有限公司
104 台北市中山區南京東路二段 95 號 9 樓
電話：(02)2511-9798
傳真：(02)2571-3298

國家圖書館出版品預行編目資料

讓愛自己變成好習慣：簡單卻深刻的日日練習，把自己當作一輩子的摯愛，給自己力量克服逆境，活出奇蹟人生 / 卡馬爾・拉維坎特（Kamal Ravikant）著；姚怡平譯 . – 台北市：采實文化，2021.2
256 面；14.8×21 公分 . --（心視野系列；75）
譯自 : Love Yourself Like Your Life Depends On It
ISBN 978-986-507-261-2（平裝）
1. 自我肯定 2. 自我實現
177.2　　109020972

廣	告	回	信
台北郵局登記證			
台北廣字第03720號			
免	貼	郵	票

采實文化 采實文化事業股份有限公司

104台北市中山區南京東路二段95號9樓

采實文化讀者服務部　收

讀者服務專線：02-2511-9798

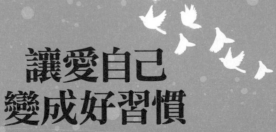

HEART
心|視野 **心視野系列**專用回函

系列：心視野系列075
書名：**讓愛自己變成好習慣**

讀者資料（本資料只供出版社內部建檔及寄送必要書訊使用）：

1. 姓名：
2. 性別：□男　□女
3. 出生年月日：民國　　　年　　　月　　　日（年齡：　　　歲）
4. 教育程度：□大學以上　□大學　□專科　□高中（職）　□國中　□國小以下（含國小）
5. 聯絡地址：
6. 聯絡電話：
7. 電子郵件信箱：
8. 是否願意收到出版物相關資料：□願意　□不願意

購書資訊：

1. 您在哪裡購買本書？□金石堂　□誠品　□何嘉仁　□博客來
   □墊腳石　□其他：＿＿＿＿＿＿＿＿＿＿（請寫書店名稱）
2. 購買本書日期是？＿＿＿年＿＿＿月＿＿＿日
3. 您從哪裡得到這本書的相關訊息？□報紙廣告　□雜誌　□電視　□廣播　□親朋好友告知
   □逛書店看到　□別人送的　□網路上看到
4. 什麼原因讓你購買本書？□喜歡心理類書籍　□被書名吸引才買的　□封面吸引人
   □內容好　□其他：＿＿＿＿＿＿＿＿＿＿＿＿＿＿＿（請寫原因）
5. 看過書以後，您覺得本書的內容：□很好　□普通　□差強人意　□應再加強　□不夠充實
   □很差　□令人失望
6. 對這本書的整體包裝設計，您覺得：□都很好　□封面吸引人，但內頁編排有待加強
   □封面不夠吸引人，內頁編排很棒　□封面和內頁編排都有待加強　□封面和內頁編排都很差

寫下您對本書及出版社的建議：

1. 您最喜歡本書的特點：□實用簡單　□包裝設計　□內容充實
2. 關於心理領域的訊息，您還想知道的有哪些？

＿＿＿＿＿＿＿＿＿＿＿＿＿＿＿＿＿＿＿＿＿＿＿＿＿＿＿＿＿＿

＿＿＿＿＿＿＿＿＿＿＿＿＿＿＿＿＿＿＿＿＿＿＿＿＿＿＿＿＿＿

3. 您對書中所傳達的內容，有沒有不清楚的地方？

＿＿＿＿＿＿＿＿＿＿＿＿＿＿＿＿＿＿＿＿＿＿＿＿＿＿＿＿＿＿

＿＿＿＿＿＿＿＿＿＿＿＿＿＿＿＿＿＿＿＿＿＿＿＿＿＿＿＿＿＿

4. 未來，您還希望我們出版哪一方面的書籍？

＿＿＿＿＿＿＿＿＿＿＿＿＿＿＿＿＿＿＿＿＿＿＿＿＿＿＿＿＿＿

＿＿＿＿＿＿＿＿＿＿＿＿＿＿＿＿＿＿＿＿＿＿＿＿＿＿＿＿＿＿

HEART
心|視野

HEART

心 | 視野

HEART
心｜視野

HEART

心 | 視野